精誠の頂《いただき》

再臨時代に刻まれた聖徒の歩み

鴨野守
Kamono Mamoru

光言社

発刊に寄せて

世界平和統一家庭連合　会長　徳野英治

この度、鴨野守広報局長の執筆により、『精誠の頂』が発刊されたことを、心から嬉《うれ》しく思います。

この本に掲載された13人の個人・夫婦、そして2つのグループの皆様の、天の父母様と真の父母様に対する精誠、天のみ旨成就のために捧げられた精誠を賛美し、感謝を申し上げます。

なかでも、特に3人の方の精誠が心に残っています。

1人目は森山操先生です。若くして難病を患い、不自由な身体であったにもかかわらず、多くの困難を乗り越え、また教会に入教した以降も数多くの困難を乗り越えて、1万回にも及ぶ原理講義や講話、講演をされました。その生き様にはいつも敬服しておりました。長年にわたる、そのような人生路程での精誠が条件となったからでしょう、霊界に旅立たれる直前に、霊界に一時的に入って行かれ、その一部分を見て来られた体験を証《あか》されました。私も直接お聞きしましたが、精誠を尽くした人生を歩む人は、最後は霊界にまでも通じるのだなと、大変深く考えさせられました。

2人目は後藤徹さんです。12年5か月間も職業的改宗屋や反対牧師たちによって拉致監禁され、身体の自由を完全に奪われた、文字どおり〝地獄〟のような環境下で、信仰を貫いたことは並大抵の信仰ではありません。職業的改宗屋や反対牧師は後藤さんに接するたびに教会の悪口、真の父母様の悪口を言いましたが、そのような中でも信仰を変えませんでした。しかも12年間もです！　自分自身がそのような環境下に置かれたら、想像しただけでも、果たして後藤さんのように信仰を全うできただろうかを、自分に問い直してみると、ただただ敬服するばかりです。

そして、南米パラグアイのレダで苦労された日本人国家メシヤの先生方です。派遣された1999年頃のパラグアイのチャコ地域は原野そのものであり、公的な建物は1つもなく、電気もガスも水道もない、まさに湿地帯の中のジャングルとも言うべき原野でした。人間の命を奪おうとする野獣とも格闘しながら、いつでも命の危険に晒《さら》されるような極悪の環境下でレダの開拓が始まったことを想像するとき、本当に頭が下がる思いでいっぱいです。

紙面の関係上、取り上げることのできない、他の12人の個人・夫婦、そして団体も、感動的な精誠を天に捧げてこられた方々ばかりです。その精誠の精神を相続しなければならないと肝に銘じざるを得ません。まさに武勇伝の結晶とも言うべき、天一国時代における使徒行伝そのものであると思います。

どの方をとってみても、それぞれの立場や環境、あるいは責任分担にあって、天に精誠の限りを尽くされた方々です。尊敬、敬服、感謝の言葉に尽きる次第であります。

『原理講論』の復帰摂理には、摂理的中心人物たちの失敗によって摂理が延長された、あるいは蕩滅条件が残ったという記録がたびたび出てきます。しかし同時に、摂理的には失敗したけれども、その時の中心人物の天に対する精誠の心情の基台が残っていたがゆえに、次の摂理に繋《つな》がった、次の摂理を展開することができた、というような記述が数多く出てきます。『原理講論』のこのような記述によっても、復帰摂理を推進する上で、精誠が最も重要な原動力であり、精誠なくして摂理の最終的な勝利はあり得ないということを痛感するものです。

この『原理講論』の記述に関連して、思い起こされるのが、真のお父様のみ言《ことば》です。お父様はたびたび精誠の重要性を次のように語っておられました。

「天に対する精誠は、サタンといえども、これを根こそぎ奪い去ることはできない。ゆえに精誠ほど恐ろしいものはない。それをサタンも知っている」

天正宮博物館が２００６年に奉献されるまでの公館であった漢南《ハンナム》国際研修院のメインのリビングルームに、長い期間掲げられていた揮毫《きごう》がありました。それが「至誠感天」でした。天に対する精誠が極まり、天まで届くならば、天をも感動せしめる、という意味です。この揮毫をお父様は座右の銘の一つとして大切にしていらっしゃいました。

真の父母様の伝統は、精誠の限りを尽くすだけでなく、その精誠の土台の上に、必ず精誠の結実を天に捧げなければならないというものです。それが真の父母様の人生哲学、生涯路程の伝統であり、統一家の伝統です。精誠は、最終的には必ず実を結ばなければならないのです。精誠は、「勝利」という2文字に結実してこそ、初めてその目的が果たされるのです。

真の父母様はある時、「勝利こそ、天が最も喜ぶものであり、天の伝統である」と言われました。我が世界平和統一家庭連合（旧　世界基督教統一神霊協会）、統一運動の歴史は、ただただ最終的な勝利を天に捧げるために精誠の限りを尽くす、精誠の連続の道のりであったと言えるのではないでしょうか。

私たちは精誠の限りを尽くし、その土台の上に、勝利の栄光を天に捧げることのできる、天の前に誇るべき私たちとなっていかなければなりません。

そして勝利して「億万歳」を捧げる伝統を相続しなければなりません。最近、真のお母様は乾杯を「승리《スンニ》（勝利）」と呼ぶように指導されています。

天の父母様に対する精誠、真の父母様に対する精誠、天のみ旨成就のための精誠の限りを尽くして、天の栄光と尊厳を天地にあまねく証し、天一国実現という天のみ旨成就という歴史の金字塔を打ち立ててまいりましょう。その意味においても、本著は、まさに時宜《じぎ》に叶《かな》った作品であると言えます。一人でも多くの信徒の方が、ここに登場される方々の精誠の真髄を相続してくださることを願うものです。

はじめに

「精誠」という言葉が、筆者の心に鮮烈な印象を持って刻まれたのは２０１３年初春、宋龍天《ソンヨンチョン》・全国祝福家庭総連合会総会長が、就任されてから講話の度ごとに強く訴えられたからでした。

その背景には、宋龍天総会長ご自身が、真の父母様の世界巡回に同行されながら、最後の最後の瞬間まで、精誠を尽くし準備をされる父母様のお姿を直接、拝見してこられたことが大きいでしょう。また、宋龍天総会長ご自身、先輩から「難しいからやめておけ」と言われた、真のお父様のヨーロッパ入国の足かせとなっていたシェンゲン条約の問題という極めて難解なテーマに取り組み、見事に解決されたのだが、その実現を可能にしたのが、総会長を先頭にしてヨーロッパのすべての兄弟が捧げた、汗と涙のにじむ精誠でした。それゆえ、宋龍天総会長が語る「精誠」という言葉には、重みがあり、威厳があり、希望があったのです。

精誠という言葉は、日常的にはあまり使われません。「精」という漢字には、「不純物を取り去り良質なものにする。よりすぐる。よりすぐったもの」という意味があります。「精誠」とは、「真心の中の真心」「誠の中の誠」「混じり気のない誠意」と表現できます。

いつしか、筆者の心の中では、次のような思いが渦巻いていました。

――2000年前、救世主イエス・キリストの教えに従い、多くの弟子たちが十字架、火炙《あぶ》り、猛獣の生贄《いけにえ》など、残酷なまでの試練を受けながらも、地の果てまで、イエスの教えを広めていった。現在、再臨の救世主、メシヤ、人類の真の父母様と信じて侍る天一国《てんいちこく》時代の私たちの精誠の〝かたち〟とは一体、いかなるものか。その精誠の「頂《いただき》」を書き記してみたい。

そうした視点から、精誠の中でもひときわ際立った精誠というものを探し始めました。2013年6月10日発行の機関誌『トゥデイズ・ワールド ジャパン』から開始した連載タイトルを、「精誠の頂」としたのは、そのような意図からでした。

連載は13回で一区切りとしました。さらに、単行本のために、白尾知行・幸子さん家庭、町田松夫さんを追加取材させていただきました。

ここに掲載された、いずれの精誠も、凡庸なものではありません。登場する統一聖徒は、信仰生活の勝敗をかけて、その精誠に挑戦しています。まさに、命懸けなのです。そのように命を懸けて、真心込めて取り組んだ精誠であるからこそ、天を感動させ、天の役事《やくじ》があったと言わざるを得ません。

「家庭新聞」を24年間、発行し続けてきた太田博久・恵子夫妻を取材した折、彼からこんな話を聞きました。

必死になって自分が座る席を探していたところ、一つの席が空いていたというのです。「その席の名前は『継続する』という名前の席だった。ついに見つけ出したわが天命。あまりにも困難が伴うので、空席が続いているのである……」。

精誠の大きな要素が、この「継続」です。

40万枚のハガキを配布し続けた野田勝一さんも、周囲から奇異な視線を浴びたこともあったが、気にしなかったといいます。彼の心を支えた、次のような話があります。

史吉子《サキルヂャ》先生（36家庭）が、あるとき荒れた海に出掛けようとされるお父様に「きょうは海に行かれずに、ゆっくりなさったらよろしいのではないですか」と話されました。すると、お父様は「変わらずに続けることが大事なんだよ」と語られたというのです。そして、海に出て数時間後に、大きなマグロを釣られたのです。

周囲の言葉や、困難な環境にも左右されず実践する、その精誠が大事である、と野田さんは史吉子先生の話を聞きながら痛感したといいます。

このように見ていけば、天に捧げる精誠は、天の父母様、真の父母様と食口《シック》をつなぐ信仰の絆《きずな》、とも言えるでしょう。

この度の取材を通じて、全国で格別なる精誠を捧げた統一聖徒に触れる機会が与えられました。それは、至福のひとときでもありました。

筆者には、後世の人たちが、かつて困難な時代を生きたイエスと弟子たちに続く信仰を持つことができるよう、優れた福音の書を残したルカほどの文才はありませんが、はっきりと明言しておきたいと思います。ここに登場する日本食口たちが捧げた精誠は、いつの日か必ずや世界の人々を感化させずにはおかないであろう、と。

最後に、個人的なことに触れることをご容赦願いたいと思います。筆者が学生時代、み言《ことば》に触れて、今年で40年になります。10月で還暦を迎えます。成人して後の大半を、文章を書く仕事に携わってきましたが、ペンネームで書いた本を含めると、この本でちょうど

10冊目となります。

信仰の小さな自分が今日まで歩んでこられたのは、愛する家族をはじめとして、多くの諸先輩、同僚、後輩の温かな支援、協力があったからであると、改めて心の底から痛感せざるを得ません。この場を借りて、皆様に感謝とお礼を申し上げます。そして、取材に快く応じてくださった関係者、光言社の椎名建太社長、荻野訓広《くにひろ》編集長、書籍編集課の徳村文夫氏のご理解があったからこそ、本書が誕生できました。心から感謝申し上げます。

本著が一人でも多くの方の励ましとなれば、望外の幸せです。

２０１５年９月

鴨野　守

目次

第2章　聖なる熱狂

第3章　成約時代の清き供え物

第4章　真の父母様の夢、世界で果たすために

第1章

「継続」こそ、わが天命

アジアに〝訓読旋風〟を起こす

茶圓《ちゃえん》正昭さん

真の父母様が立てられた訓読会の伝統。それを受け継ごうと、茶圓正昭さんは読書が苦手だったけれども、一生懸命にみ言《ことば》の訓読に取り組んだ。やがて内的に大きな変化が起こった。み言を訓読すると、神様の愛と出会い、自身の人格が成長するのを実感したというのだ。

2013年2月22日（天暦1月13日）、韓国・清平《チョンピョン》で挙行された歴史的な「天一国基元節入籍祝福式」の後、同地にある清心《チョンシム》国際青少年修錬院では、全世界から集まったナショナルリーダーの会議が開催された。真のお母様から打ち出された「ビジョン2020」の本格的なスタートを切る会議という意味合いもあって、会場は例年にも増して熱気に包まれていた。

世界の伝道・祝福の取り組みの一つ一つを聞いていくうちに、永くサタンが主管した世界に神様のみ言がようやく根付き、美しい芽が出て、それが神様の祝福を受けて一気に成長していく、そんな麗しい情景が筆者の頭に浮かんできた。

発表の中で注目を浴びたものに、フィリピン、タイ、マレーシア、台湾など、東南アジアで燎原《りょうげん》の火のごとく広がっている訓読伝道があった。

1日平均6時間の訓読

この訓読の魅力と恩恵について証しを述べるよう、龍鄭植《ヨンヂョンシク》アジア大陸会長からの要請を受けた一人の日本人がいる。

アジア訓読巡回師の茶圓正昭氏である。1日平均6時間の訓読を続け、2015年で丸11年となる。「私なんか20分も訓読していたら、もう眠くなります」などと嘆く食口《シック》からすれば、茶圓氏を聖人のごとく仰ぎ見てもおかしくはない。

ところが、茶圓氏の話を聞いて、訓読の恩恵がしっかりと理解できれば、誰でも彼に続

マレーシアで行われた訓読集会。中央が龍鄭植アジア大陸会長、右が茶圓氏

くことができると確信した。

「実は僕は、読書が大の苦手でした。５分間でもイヤ。漫画も嫌い。そんな自分が、最初は何とか５ページほど読むように努力して……。それから次第に投入していくようになりました。今では原理講義の８時間チャートを１日で読めるまでになりました。もう読みだしたら、止まらない。神の愛に満たされてしまい、気づいたら、10時間たっていたという日もあります」

横浜市内の自宅で、茶圓氏は笑顔を絶やさずに筆者に語りだした。龍大陸会長をして、「訓読の預言者」「訓読のチャンピオン」と呼ばしめる茶圓氏。だが、訓読を極める精誠の道のりは決して平坦《へいたん》なものではなかった。

１９９７年、茶圓氏は宣教地のプエルトリコ（中米）

で龍鄭植先生と出会い、幕屋に匹敵する訓読会の価値を知る。1998年6月、茶圓氏の家族の住む山口県の宇部教会で龍先生と再会。先生が主宰された訓読会に参加して、そこに働く神の力を体験した。毎日午前5時から2時間の訓読会に参加するため、車で2、3時間かけて来る食口がいるほど、霊的に復興し、恩恵は大きかったという。

李ヨハネ（耀翰《ヨハン》）先生（36家庭）の直弟子だった龍先生は、精誠にどれほど価値があるか、何度も強調された。集会に参加した茶圓氏は、何よりも精誠の伝統を立てる必要があり、訓読家庭教会こそが天一国の礎になることを実感したと語る。

だが、2年後に龍先生がアメリカに移ると、〝訓読旋風〟は、茶圓氏の生活圏から消えてしまった。

恩恵を受ける側に立つのは容易だが、恩恵を与える主体として立つには、深い決意と覚悟が必要である。茶圓氏は、強い決意を持って家族に呼び掛けて、午前5時から家庭礼拝を開始。5ページの訓読、祈祷、聖歌賛美を行った。妻と、まだ6歳の娘が出席した。

しばらく付き合ってくれた娘から、やがて不満が出た。

「もう我慢できない。なぜうちの家庭しか行わないの？　もう、お父さんにはついていけない。一人でやれば！」

ここで、茶圓氏は、踏ん張った。一人で訓読を続けたのである。

「それは原理を悟らせてほしい、という強い動機が自分にあったからでしょうね」と茶圓氏は振り返る。

「だって、原理を知っていても、原理の生活化ができていない。それは理解が浅いからです。本当に神から原理を教えてもらわないといけない。み言を深く理解していくために、その精誠として訓読があるのです」

原理のみ言を体恤《たいじゅつ》したい――その一心で、訓読を続けた。半年後、1日6時間ペースの訓読に挑んだ。『原理講論』を2日で1回読むように努め、7か月間で100回、読破。すると、茶圓氏は内的に大きな変化を実感したという。

訓読すれば神の愛と出会える

「心霊的に、悪いものと縁が切れ、『新しい自分になった！』という喜びですね。心の中がきれいになり、これまでに体験したことのない美しい世界に入ったという体験。これが大きかったですね。み言を悟ったとか、決意できたとか、悔い改めたという次元ではなく、ただただ訓読がうれしくて仕方ない。つまり、神から愛されているという実感を強烈に覚えたのです」

訓読すれば神の愛と出会える、その喜びが先立ち、じっとしているのが大の苦手の茶圓氏が、1日6時間の訓読なしで、その日を過ごせないまでになっていた。

それまで、茶圓氏は血気怒気の性格で、たびたび拳《こぶし》で壁に穴を開けたりしたため、妻は耐え難い苦痛の日々があったという。娘は、いつも父の機嫌をうかがう子供だった。ところが、訓読を通じて神の愛を受けることで、温厚な人格へと一変したというのだ。

「堕落性は霊界まで持っていかなければならないのかと悩んでいたのですが、訓読を通じて、私の中に変化が起きました。何か悪いことや嫌なことがあっても、まず許そうとする自分がいるのです」

訓読の次なる恩恵は、霊人体の成長だ。

「悪を決して許さず、責めていた人間が、相手の立場や事情を考え、理解し許せる人間に変わってしまったのです。霊人体の成長が急激になされたことを確信しました」

このまま訓読を続ければ、霊人体が完成し、人格が完成すると確信できるようになったとき、なお一層、訓読に力が入ったという。

「次なる恩恵は、個人、家庭、国家の壁がなくなったこと」と話す。

「心と体がパートナーになりました。訓読するにも、心と体がお互いに助け合って進めます。体が疲れていたら、心が『少し休んだら？』と気遣い、休んだ後は体がもっと強力に訓読を進めようとします。まるで趣味のように楽しく、心と体が協力し合って訓読を進めているのです」

海外出張をしても、国境を感じることもなく、緊張感も違和感もなく、その国の兄弟姉妹が慕わしく感じた。

家庭が訓読家庭教会に

次なる恩恵は、家庭が訓読家庭教会になったということ。

「家庭の中で神の愛と平安を無限に感じます。自主訓読を相続するためにわが家に通っている

家庭を訓読家庭教会に（横浜市内の自宅で）

12人の方々も、神様の癒やしを受けています。このまま訓読を続けていけば、これからもずっと、神様が直接主管する訓読家庭教会が存続、発展していくと確信するようになりました」

例えば、毎晩悪霊に苦しめられていた37歳の婦人は、神様を信じていなかったが、救われたい一心で70分訓読を継続した。すると半年もたたないうちに、悪霊が分立され、鬱《うつ》の症状からも解放された。「信仰のあるなしにかかわらず、訓読すれば神様が愛してくださり救ってくださるということを、その婦人によって再確認しました」と茶圓氏は語る。

訓読する時間は神様の愛を受ける時間であるとともに、霊の糧である生素を受ける時間であり、それゆえ真のお父様も、訓読を生命視されたのだと茶圓氏は言う。

「訓読の習慣を付けるためには、まず1時間用原理チャート（『原理講論要約訓読チャート一時間用』）の訓読100回を一気にやってしまうことです。何も考えず、とにかく100回訓読してしまう。そうすることによって、訓読を生活のリズムの中に取り込んでしまいます」

霊人体に聞かせるように、声を出す。できるだけ速く読む。正確に音読されているかをチェックしながら読む。この3点が、秘訣《ひけつ》という。

訓読の経過

日程	訓読教本	ページ数	1回所要時間	回数	所要時間
2004.10.20～ 11.8	8時間用原理チャート	200	6時間	21回	20日
2004.11.9～ 2005.5.30	原理講論	604	17時間	100回	7か月
2005.6.1～ 2010.7.21	天聖経	2652	120時間	100回	5年2か月
2010.7.22～ 12.31	平和神経	594	12時間	100回	5か月
2011.1.1～ 6.17	自叙伝	347	11時間	100回	6か月
2011.6.18～ 6.25	1時間用原理チャート	108	40分	100回	8日
2011.6.26～ 7.15	3時間用原理チャート	234	2時間	100回	20日
2011.7.16～ 8.27	聖書	1735	103時間	4回	1か月
2011.8.28～ 11.23	12時間用原理チャート	406	8時間	100回	3か月
2011.11.24～ 12.31	原理講論	604	17時間	19回	36日
2012.1.1～ 2014. 7.7	世界経典Ⅱ	1486	90時間	100回	2年6か月
2012.1.1～ 2014.5.22	天地人真の父母定着実体み言宣布天宙大会のみ言	12	40分	200回	2年5か月
2 014.7. 8～	平和経	1632	78時間	9回	1年

2015.7.12 現在（2004.10.20 開始）

最後に、茶圓氏は、こう語った。

「精誠の中心に訓読を置いて、神様との心情因縁を深め、神の愛を受けることによって、み旨が成されると信じています。フィリピンでは、5歳の女の子が1時間チャートを100回読破しました。ぜひ、日本の食口の皆さんも訓読を生活の中に定着させてください」

『世界経典Ⅱ』第14章に、真のお父様の次のようなみ言がある。

「あいさつよりもっと重要視しなければならないのが訓読会です。訓読会を好きになれば、天国に行きます。訓読会を一生懸命にやれば、霊界の協助を受けることができるのです。神様のみ言を訓読する所に神様が共にいらっしゃいます。霊界にいる神霊が再臨し、霊人の再臨協助の役事《やくじ》が起きるのです。したがって、訓読は霊界を動員する道になります。聖霊の役事も、家庭を正しく立て、教会を復興させるために訓読会をしなければなりません。訓読会をする目的は、み言の本体であられる神様と真の父母様に似るということです。訓読会を通して真の家庭が一つになるように、私たちも訓読会を通して真の家庭と一つにならなければなりません」（2000・2・14）

70歳を超えて、20冊以上のみ言《ことば》を書写

柳澤達子さん

70歳を超えてみ言と出合った柳澤達子さんは、やがてみ言の書写を始めた。「み言は神様の愛そのものです。貴いみ言を読んで書く、読んで書く……そうして初めてしっかりと身につくんですね」。これまで20冊以上のみ言の書写を通じて、自身の信仰を育んできた。

「これから、真の息子・娘が尽くさなければならない精誠は何でしょうか。現実的な生活舞台での精誠ではなく、希望の精誠、栄光の精誠、忠誠の精誠、侍ることの精誠を尽くさなければなりません。……

これからの精誠は天に仕えるための精誠でなくてはならず、仕える位置にあずかるための精誠でなければなりません。ここに同参する群れは、最初の復活にあずかる人たちなの

です」（『祝福家庭と理想天国Ⅰ』から）

文鮮明《ムンソンミョン》師のこのみ言からすれば、長野県松本市に住む柳澤達子さん（94歳）の生き方は、忠誠の精誠、侍る精誠と言えよう。

心を落ち着かせ、祈りと真心を込めて

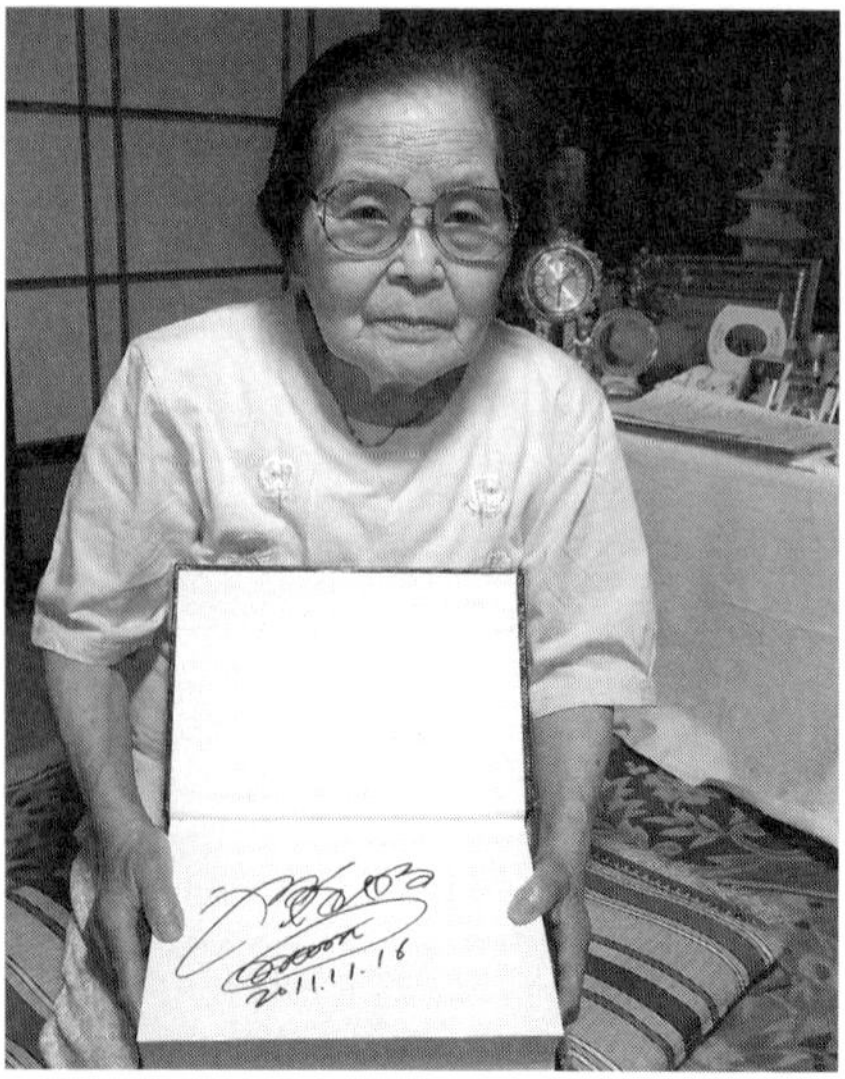
真のお父様がサインしてくださった『成約時代と理想天国』書写本を持つ柳澤さん

大正10（1921）年1月、長野県四賀村（現、松本市）生まれの柳澤さんは、次女の美子さん（1800双、ニュージーランド在住）から伝道された。

昭和30年から夫と二人三脚で製本業を約40年、営んできた。「昔は夜7時に夕食を済ませたあとも、10時まで仕事をしていたものです」と振り返る達子さん。

70歳で仕事を引退した頃、「統一原理」

に触れた。そして間もなく、尊敬する教会員の勧めもあって、み言の書写を始めたという。それまで夕食後も家業を手伝っていた時間帯が、み言書写という「聖なるひととき」となった。『原理講論』、『天聖経』、『神様の摂理から見た南北統一』、『こころの四季』などから、真のお父様の自叙伝『平和を愛する世界人として』に至るまで、これまで20冊以上のみ言を書写してきた。

自宅の応接間で、そのノートを見せてもらった。

Ｂ５判サイズの大学ノートに鉛筆で丁寧にびっしり書き込まれている。書写したノート数冊を合わせ、それに黒のハードカバーで表紙をつけて製本。表紙には、金色でみ言のタイトルが刻まれている。

大正生まれの柳澤さんが学校で教わった学習の基本は、「読み・書き・そろばん」。読み・書きは今なお、学習の基礎である。小学校時代、読むとともに、書き写して教科書の内容の理解を深めたという経験は誰しもが持っていよう。

小さい頃から、書き写すことが好きだった柳澤さんは、その実践をみ言の学習に応用した先駆者と言える。

「貴いみ言を読んで書く、読んで書く……そうして初めてしっかりと身につくんですね。

頭に入るのですね」

そしてまた、「み言は神様の愛そのものです。だから、心がいらいらしていたり、心配事があるときには難しい。心が落ち着いていないと、頭に入ってこず、書くことはできないのです」と話す。

鉛筆で書き写しているため、間違えれば消しゴムで消すことはできるが、そうすると紙が汚れてしまう。だから、字を間違えないよう正確に読み取り、書き写した。

書いている途中に、電話が掛かってきたり、用事を頼まれたりすることも――。だからこそ、書写の時間帯をゆったりと静かに確保できるよう、祈りと真心を込めて準備する。

書き始めると2時間、3時間は全然苦にならなかった。いや、むしろ楽しいひとときだったという。

書写は神様、真の父母様との対話

――やめたいと思ったことはなかったですか？

「なかったですね」

——これだけ精力的に取り組むことができたエネルギーの源は何ですか？

「私自身、思い込むと何でも最後までやり切る性格です。製本業の前には針仕事をしていましたが、若い頃から最後までやらないと気が済まないタイプでした」

——『天聖経』に収められているみ言の文字数は実に303万字にも及びます。よく書き通されましたね。

「正直、最初は心が重たかったですね。だって、とても分厚い本なので、果たして書き写せるかという一抹の不安もありました。でも、読んで理解し、書いて理解する。一日一日、積み重ねてまいりました。書き始めたのが、平成17年1月2日。書き終えたのが同20年12月27日でした。丸4年かかりました。よくやれたなあ、と思います」

——書写の恩恵は何でしょうか。

「お父様のみ言は、すべてが愛でまとまっています。ですから、書写をすると、心が良くなります。角があっても丸くなります。『やっぱり、こうか。自分の考えは間違っていた』と気づきます」

『天聖経』（八大教材・教本）は2423ページから成る。1ページに約1250文字。これで計算すると、303万文字のボリュームとなる。1冊の単行本は約8万字ほどだか

親族と教会員が集い、柳澤さん（前列中央）の米寿を祝う（2009年1月25日）

ら、ざっと38冊の単行本を写し切ったことになる。

『天聖経』を書き終えた翌年の1月28日に、柳澤さんは米寿（88歳）を迎えた。その米寿のお祝いを6人の子供たちが全部準備して、親戚や知人、教会関係者が一堂に集い、踊って歌い、楽しく過ごした。

「これまでの人生を振り返れば、苦しいこともありましたが、み言によって勇気づけられて、祈りながらやってきました。今も、何をするにしても、祈りながら行っています。早朝の散歩も。最初は分かりませんでしたが、祈れば必ず答えが与えられると実感できるようになりました」

真のお父様のみ言は、愛でまとまっている。それを確信できてからは、み言を読むことを通じ、書き写すことを通じて、神様の愛を吸収してきた。

柳澤さんにとって、み言の書写とは、神様、真の父母様との〝対話〟であったように思えてくる。

そうでなければ、20年にわたって、膨大なみ言をただ一筋に黙々と書き写すという業を、なすことなど不可能であろう。一番、苦労したのはハングルが含まれている『神様の摂理から見た南北統一』だったという。

また、『こころの四季』は、花のイラストが添えられているが、柳澤さんは、そのイラストも書き写し、色鉛筆で彩色もほどこしている。

そのように丹精込めた手作りの『こころの四季』を、病気になった知人の娘さんから求められると、喜んでプレゼントしたことも。

「精誠を尽くして、よく書いたね」

90歳になり、目が悪くなると、柳澤さんは、真のお父様の自叙伝は虫眼鏡を左手に持って、書写した。目が悪くなっても、書写に対する情熱が損なわれることはなかったのである。

そのような柳澤さんの精誠に感動した宋榮渉《ソンヨンソプ》・全国祝福家庭総連合会総会長（当時）が、

書写した一冊『成約時代と理想天国』を携えて天正宮博物館におられる真のお父様のもとに持参した。

それをご覧になった真のお父様は、「精誠を尽くして、よく書いたね」と称賛されたという。裏表紙には、真のお父様の勢いのあるサインが記されている。

94歳になった柳澤さんは、波瀾《はらん》万丈の自身の人生を回顧した自叙伝を今、書き始めているという。

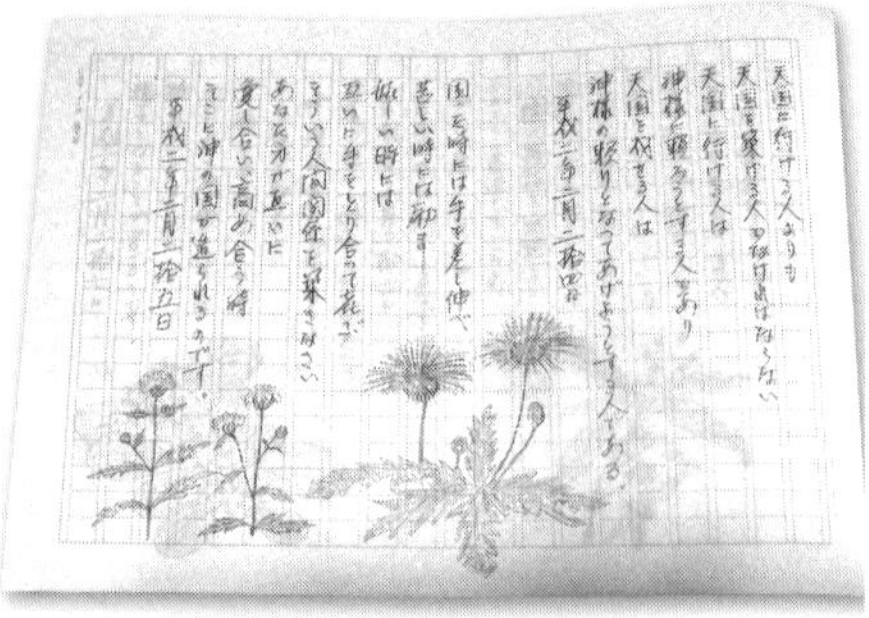

柳澤さんが書き写した
『こころの四季』の1ページ

いつも母親のそばにいた三男、周治さんは「母は本当に頑張り屋さんですね。自分ができないことをする母は偉いと思いますね」と、母を誇る。

教会で長くお付き合いしてきた北澤淳子さんは、「柳澤さんは、とてもご苦労してこられた方です。しかし、明るく強い方で、お年寄りっぽくない。教会のお母さんのような立場で、教会が難しい局面に立っても、克服できるよう背後で祈ってくださる方です。よくご自宅に教会のメンバーが出入りしますが、心のこもった煮物などを出して兄弟を愛してくださる。本当に感謝しております」と語る。

北澤さんによれば、柳澤さんはみ言に対する感動にいつも包まれているため、天の父母様（神様）を身近に感じておられるのだろうという。それが、柳澤さんが年齢を越えて、生き生きとしている理由だろう。その点で、信仰者の手本と言える。

自身の結婚生活、娘の縁談では言うに言えない苦労を通過した。自身の自叙伝には、そんな試練を超えて、３人の子供と２人の孫が祝福を受けた喜びを書き留め、天の父母様と、真の父母様への感謝を表したいと考えている。

一心に配布し続けたハガキ、40万枚に

野田勝一さん

野田勝一さんはこれまでに家族と共に、文鮮明師自叙伝『平和を愛する世界人として』430冊配布を9回、実に合計3870冊を地元、滋賀県で実施してきた。そんな野田さんは、かつて8年かけて伝道用ハガキ40万枚を配布し、5人に真の父母様を証《あか》した実績を持つ。早朝から深夜まで、ただただ黙々と配布し続けた。

「先生が、全世界の統一教の祝福家庭は1人当たり430冊ずつ、氏族的メシヤとして自分の氏族に配りなさいと言いました。それでその本を受け取った人たちは（神様が）地獄に送らないというのです」（2009年12月2日）

真のお父様の自叙伝『平和を愛する世界人として』は現在、20か国の言語に翻訳、発行

されている。日本においても、信徒らが積極的に知人、友人、親族らに紹介する活動を展開。2009年秋の発売以降、発行部数は600万部に達した。自叙伝を愛読する人たちの中から、心に残るみ言《ことば》を書写し、生活を正す取り組みが全国各地で展開されて反響を呼んでいる。

既に、430冊を配布完了しながらも、さらにその2倍、3倍と精力的に配布を続けている教会員がいる。

滋賀県に住む野田勝一さん（66歳、6000家庭）も、その一人だ。

毎日徹底して自叙伝配布

野田さんが自叙伝を配布し始めたのは、2011年6月29日である。「愛する家族のために自叙伝を配布します」と教会員の前で宣言した。彼は切実なる事情を抱えていた。

「私の家庭には長男（24歳）と、次男（22歳）がいますが、2人とも高校を中退し、引きこもりになり、鬱《うつ》になりました。それからというもの、無気力、無関心、親子の会話が途切れ、兄弟との会話も途切れました。笑顔もなくなり、暗い日々でした。長男は無表情、無口、次男は霊と会話を始めました。さらに次男は近所の家に聞こえるほどの大声を出し、家をつぶしにかかりました。『殺す。死ね。ふざけるな！』と言い、何度かパトカーを呼ぶようなこともありました」

だが野田さん夫妻は、深刻な事態から逃げなかった。「わが家の転換期だ」と受け止めて、清平《チョンピョン》の役事《やくじ》に参加。「神様摂理史の責任分担解放圏完成宣布教育」（以下、宣布教育）にも夫婦で出た。野田さんは、さらに「これは私個人の転換期と思い、善霊から協助を受けるために何か善なる条件が必要だと感じたのです。そして自叙伝配布を決意し、基台の皆さんの前で『毎日徹底して自叙伝配布をやります』と発表しました」というのだ。

折しも、蒸し暑い季節だった。インターホン越しで話してポストに投函するのではなく、自叙伝を手渡しすると決めた。430冊を配布するのに、1年はかかると覚悟した。仕事が休みの日に毎日、配布。初めの頃は1冊か2冊程度しか配れない日もあった。受け取ってもらった家は、名前、住所、その人の反応などをノートに記録。断られた家は、「×」印を。留守宅には再訪した。家の外見などで、声を掛ける、掛けないなどと決めることはしなかった。この一冊の自叙伝を通じて、神様が予定されたゲストに出会えるかもしれない――そのような心情で一軒一軒を訪ね回ったのである。

妻の高子さんと

やがて1日5冊から10冊程度、配れるようになり、最後の頃には15冊ほど配れるようになった。快く受け取ってくれた人が多かったという。記録的な猛暑の中、体から塩を噴きながら、「まるで修行のような配布でした」と野田さんは振り返る。終わってみれば、430冊配布を2か月と20日間で完了した。

子供たちが変わってきた

430冊を配布し終えた基台の上で、長男にこう呼び掛けてみた。

「お父さんと一緒に、自叙伝を配ってみないか」

長男は素直に父に従った。だが、無口な長男が果たして、見ず知らずの人の前でうまく説明できるか、不安だった。

「それで私が説明しているのを見せ、何回も教えました。それでも心配でした。長男が訪問して一生懸命に話している姿を見て、感動して涙が出ました。今思い出しても涙が出ます。結果として、その日、3時間配布して15冊、長男が3冊です。完全に一人でやりきったのが1冊です。すごいことです。その1冊を受け取ってくれたのは、長男と同じくらいの子供がいてもいいような年齢の女性で、長男に『世慣れしてないわね』『かわいいね』などと声を掛けてくれました。神様は、そういう人に出会わせてくださるのですね」

長男の生活にも変化が訪れた。両親と敬礼式を行い、礼拝に参加するようになった。清平での宣布教育にも参加するなど、前向きな姿勢が見えてきた。清平では神様との霊的な出会いもあったという。

次男にもまた、変化が現れた。一緒に敬礼式に参加するようになった。好きだったサッカーの練習も始めて、プロテストに挑戦も。

野田さんはこれまでに、430冊を9回、合計3870冊を配布し終えた。自叙伝を受け取った一人の老人がみ言を学び、平和大使になった。

野田さんが配布状況を丹念に記録したノートは6冊にもなっている。

ここまで丁寧に記録する食口《シック》も珍しい。そのことを話すと、野田さんは、かつて８年かけて40万枚のハガキ配布をしたことを語り始めた。

「私は１９７６年から、教会の活動を献身的に行うようになりました。ただ、なかなか伝道が苦手で、悩んでおりました。１９９４年から６年、妻の実家のある沖縄で暮らしましたが、その時、愛媛県から沖縄に、１年間ですが、伝道に来ておられた勇我《ゆうが》美智子さんの存在を知りました。とにかく、勇我さんの伝道方法は奇抜でした。だって、走っている車を止めて声を掛けたりしていましたからね」

当時、高校生は伝道しないという方針があったのだが、勇我さんは県大会に出場するサッカー少年を伝道し、その親も伝道した。

野田さんによれば、ある日、教区長の礼拝のビデオの中で、勇我さんの名前を口にした途端、教区長の背後で、何人もの大きな天使が流れているのを目撃したという。

「私はまだ伝道ができていないが、一生懸命やれば、必ず伝道ができる。私も勇我さんのように、いつか必ず、このような伝道ができるようになりたい。そう強く決意したのです」

変わらずに続けること

２００２年、近江八幡教会（当時）が新たにスタートして野田さんは総務部長兼教育部長として赴任した。ゲストが一人もいない中、教会長に声を掛けられてハガキの配布を始めた。戸惑いながら始めたハガキ配布だったが、すぐに反応があり、ゲストができた。これでできるという確信が強まると、配布も楽しくなり、さらに力が入った。１日３時間の配布、１か月７０００枚配布を目標とした。

「気持ちが乗ると、休みの日には、早朝の3時から夕方5時までの14時間に、１４００枚。また、夕方6時から、翌朝6時までの12時間に１２００枚を配布したりしたこともありますね」

「毎日７００枚配ると、『あっ、もうすぐ決まる』という確信が自然と湧いてくるのです。涙を流しながら、配ったこともありました。限界を超えて配布したこともありました」

配布に使った自転車がパンクしたこともあれば、フラフラになって自転車をこいでいたため、川に落ちたこともあった。

ハガキの反応のあった人、8人から10人のうち1人の割合で、み言を真剣に学ぶ人が出

自叙伝配布状況を記録したノート（右）と地図

るという手応えがあった。２００２年から２００９年まで約40万枚を配布して、主を証《あか》された人が５人いる。

周囲からは、「狂っているんじゃないの」と言われたが、気にしなかった。彼の心を支えてくれた話がある。史吉子《サキルヂャ》先生（36家庭）があるとき、荒れた海に出掛けようとされるお父様に「海に行かれずに、ゆっくりなさったらよろしいのではないですか」と話された。すると、お父様は「変わらずに続けることが大事なんだよ」と語られたという。そして、海に出て数時間後に、大きなマグロを釣られたというのだ。

周囲の言葉や、困難な環境にも左右されず実践する、その精誠が大事である、と野田さんは史吉子先生の話を聞きながら痛感したのである。

ある先輩からも、「実績が出ても出なくても、やり続ける。全国で頑張っている人は皆、そのような努力をして、結果につなげているんだよ」と激励された。

自叙伝配布では、相手と話すこともあるが、ハガキ配布は単調な作業で大変だったと振り返る。だが、その地道な取り組みがあればこそ、野田さんは困難な場面に遭遇しても逃げない強い性格の持ち主となったといえよう。

「これからも、伝道に励みたい。私の場合、いったんスイッチが入ったら猛烈に走りだすでしょう」

野田さんは明るく笑った。

「家庭新聞」発行して25年、家族の絆《きずな》を再生

太田博久・恵子さん夫妻

子供の信仰を受け入れない双方の両親は、誕生日や父の日、母の日のプレゼントの一切を拒絶した。生もののケーキさえも送り返してきた――。そんな両親に手作りの「家庭新聞」を送ったところ、不思議なことに戻ってこなかったという。祖父母が、娘と息子、孫たちと一緒に過ごすことのできなかった溝を埋めた「家庭新聞」。紙面の背後に、太田さん夫婦の涙がにじんでいる。

長野県飯田市に住む太田博久さん（57歳）、恵子さん（58歳）夫妻は地元ではちょっとした有名人だ。１９９１年7月から発行し続けてきた「家庭新聞」が、美術博物館や銀行の展示コーナーなどに掲示され、これを地元のテレビ局、新聞社、ラジオ局などが20回以上、放送してきたからだ。

地元のマスコミに取り上げられる

Ｂ５サイズで20枚から成る「家庭新聞」は、すべて手書きだ。家族の写真や、娘３人の落書きや絵、入選した作文などで埋められている。「お母さん、おでんおいしかったよ」という子供のメモ書き、３人姉妹の誰がお母さんの横に寝るかを書いた図面の横に「それにしてもパパの隣がいいとは誰も言ってくれないさみしさもある」とパパのコメント。通知表もそのまま掲載されているかと思えば、迷子になって大泣きした写真まである……。

「おかあさん、ありがとう」などという文字が活字でなく、鉛筆やクレヨンで書かれている。そのときの子供の精いっぱいの気持ちが、そのまま刻まれているのがとても魅力的だ。それを見た家族もまた、その時代に一瞬にして戻れる。これは活字にはない効果と言えよう。

写真と手書きの文章による家族のドキュメンタリー。これが20年分も積もると、ささいな出来事の一つ一つが宝石のように輝きを増して、冷静なマスコミ関係者の心をも掴《つか》んでしまった。

２００８年にＮＨＫ—ＢＳの「熱中時間」という番組に、「家庭新聞」を応募したとき

飯田市美術博物館市民ギャラリーに展示された「家庭新聞」の前に立つ太田博久さん、恵子さん夫妻（2012年7月）

のこと。全国から実に３０００件の応募があり、その中から８人の作品が放送されたのだが、なんとそのトップに太田さんの「家庭新聞」が紹介されたのだ。「ほかにあまり例のないユニークな企画だったことが評価されたのでしょうね。でも、ＮＨＫで紹介されたことで自信になりました」と博久さん。

　地元のテレビ局の女性アナウンサーは、太田さんの娘さんが「自分の家族を誇りに思う」と話すのを聞いて泣き崩れてしまった。あとで聞くと、そのアナウンサーの父親が2か月ほど前に亡くなったのだが、感謝の言葉を伝えないまま、他界してしまったという。そのことを悔やんでいて、娘さんの言葉に思わず感情があふれ出たというのだ。

あるラジオ局では、生放送で10分の予定が、司会者が「家庭新聞」に感動して、2倍近い放送時間になってしまったこともあれば、著名な校長が展示会を見て、「これは大いに教育に使える」と絶賛したことも。

地元のメディアでは、山形県酒田市出身の博久さんと飯田市出身の恵子さんの、双方の両親が遠方に住んでおり、自分たちの家族のこと、子供たちのことをうまく伝えられないのが悩みのタネで、これを解決する方法として「家庭新聞」を作成したと紹介されている。

この表現は、間違いではない。だが実際は、夫婦はもっと壮絶な事情を抱えていたのだった——。

夫婦共に家族の反対に遭う

高校生の頃から人生について悩み、倉田百三《ひゃくぞう》の著書を愛読していた博久さんは1978年、獨協《どっきょう》大学に入学した日に、同じ大学に入った幼なじみから「統一原理」を紹介される。人生の目的を知った喜びから、酒田市に住む両親にもすぐに伝えた。

「世界平和のために生きるということで、両親にも喜んでもらえると思って証《あか》しました。

けれども両親はよく分からなかったようで、親戚の中で最も権威のある、一橋大学出身の憲法学教授に相談したのです。ところが、その人がなんと、偶然にも獨協大学の教授であり、実際に私はその教授の授業も受けていたのです」（博久さん）

彼は筋金入りの共産主義者だった。この教授は、博久さんに面と向かって教会をやめなさいとは言わなかった。しかし、調査員を雇い、学内で太田さんが伝道しているときの話をひそかに録音。さらに尾行させて、約３か月間の彼の言動をつぶさに記録した。その報告書は高さ30センチほどの分厚いものとして両親に届けられた。両親は調査謝礼として百万円ほど払ったと後に告白している。

若輩な息子の言葉よりも、尊敬する大学教授を全面的に信じてしまった両親は、次に実家の近くにあるキリスト教会に博久さんを連れて行き、牧師の説得を受けさせたのだった。そのような説得が２、３日続いた。だが「統一原理」への確信に満ちていた博久さんはびくりともしない。しかし、このままでは、牧師が手錠を掛けて身動きできなくなるような強硬手段に出てくるのではないかと察知した博久さんは、その場から裸足で逃げ出した。

「そのまま駅までまっすぐ走ると捕まると思い、隠れながら走り続けました。また、酒田駅から電車に乗れば見つかると思い、４つほど離れた余目《あまるめ》駅を目指して走り続けました。

夕方で、暗くなっていました。

夜は他人の家の軒下に寝て、朝6時に余目町の友人宅に行き、何も言わず1万円貸してくれと頼む、そして余目駅から朝一番で所属していた埼玉県越谷市の教会に向かうと決めて、そのとおり実行しました。裸足だったので、大宮駅で皆にジロジロ見られましたが、何とか教会に着きました。すぐに母親が一人で教会に来たのですが、決意の固い私の姿に絶望して、涙を流しながら酒田に帰って行きました。その母の後ろ姿に向かって、『お母さん、ごめんなさい』と心の中で謝りました」

その頃、全国各地で拉致・監禁事件が続発していた。博久さんは「あのまま牧師の話を聞いていたら、どうなっていたか分かりません」と当時を振り返る。

一方、長野県下伊那郡鼎《かなえ》町（現在は飯田市）に生まれた恵子さんは、1976年、学習院女子短期大学に入学。1年生の秋に中学時代の同級生からみ言《ことば》を聞いた。

短大卒業後、通訳者養成の専門学校に進学し、熱心に伝道活動などを行っていた。

両親が娘の住む寮を訪問した際、メンバー総出で歓迎の昼食会を開催。「今時、本当に珍しい、気持ちの良い青年たちだ」と父親は感動し、自分が若い日に作詞作曲した青年会歌を、皆の前で披露した。

両親は、娘が卒業後は当然、一般の企業に就職してくれると思っていた。だが、恵子さんが帰郷して教会で働きたいと告げたことで、両親の態度は硬化。「もう東京に帰らなくてもいい。学校も卒業しなくていいから、教会には行くな！」と言うまでになった。

両親、兄弟、さらには恵子さんを誰よりもかわいがってくれた祖母までが「信仰を棄てろ！」としか言わない日々が続いた。帰郷してから丸３週間、家族６人から連日、深夜にまで及ぶ説教を浴びせられた。

「どうしてそんな反社会的な宗教団体に入りたいと言うのか！」「それが家族にとってどれだけ迷惑なことであり、世間体の悪いことであるのか、分かってやっているのか！」「人助けするどころか、誰も救うことなどできやしないのに、何を思い上がっているのか！」「全国各地に反対する人々がいて、反対父母の会というのもできているから、いろいろな情報が入ってくるんだが、良いことは何一つ言われていないのをおまえは知っているのか。何としても信仰をやめないと言い張るなら、こっちにも考えがある……」

家から一歩も出ることができず、電話も掛けられない。後に、大学時代に民主青年同盟（共産党系の青年組織）に加入し、その後、日教組に入り、共産主義を信奉していた姉が扇動していたことが判明した。

だが、この監禁中に不思議なことが相次いだ。偶然に、高校時代のクラスメートから電話が掛かってきたのだが、その男性が教会に入っていると言い、打ちのめされていた彼女を勇気づけた。また、夢の中で、「こんな私でも、この道を行ってよいのですか。かえって、足手まといで、迷惑になるのではないのですか?」と訴えた恵子さんは、「私を捨てないでおくれ……」と言われる神様の声を聞いた。

そうしたある日、夢の中で、つらい環境にいることを真のお父様に訴えると、「恵子は、それを勝利するんだね」と満面の笑みで語られ、励ましてくださった。

この夢を見た朝に限って、普段は見張りをしている家族の姿がないことに気づいた恵子さんは、その日、家を飛び出した。そして、電車に飛び乗って教会に戻ったのである。

こうして2人は信仰を維持したが、親からは、親子の縁を切ると宣告された。1988年、2人は家庭を出発するも、酒田の両親の態度が和らぐことは全くなかった。

「家庭新聞」で氏族的メシヤをスタート

博久さんが当時を振り返る。

「親にいろいろプレゼントを贈っても、全部、封も開けずに送り返されてきました。時間がたてば腐ってしまうケーキのような生ものでも、送り返されてきましたね。手紙はさすがに戻ってきませんでしたが、『もう書いてくるな』と言われてしまいました。長女が生まれたと報告しても、祝いの言葉一つありませんでした」

教会のリーダーとして献身的に歩む博久さんの苦痛は人知れず、深かった。

「メンバーを指導すべき立場にある自分が、家族との良好な関係を築けていないという、誰にも話せない苦しみを抱えていました。現実は真っ暗で、どこまで続くのか、どれほど高く深いのか全く分からないトンネルの中に独り放り込まれたような状況でした。『いつ、この暗闇から抜け出すことができるのですか？　神様、どうか解決の道を教えてください！』と絶叫の祈りを捧げる毎日でした」

神様からこの祈りの答えを得るのに3年の歳月を要した。

1991年5月24日から3日間、尾瀬で壮年婦人の研修会があり、博久さんはスタッフとして参加。そのとき、矢野治佳《はるよし》・関東ブロック教育部長（現・総務局長）から、何げなく「こんな新聞を作っている人がいるよ」と渡されたのが、「家庭新聞」だった。

それは高津啓洋《こうずあきひろ》さん（777双）が作っていたものだった。博久さんは、この新聞を見た瞬間、「頭のてっぺんから足のつま先まで衝撃が走った」という。これこそが氏族メシヤの道を開く武器になると確信したのである。

高津さんのをまねて、B5サイズの用紙20ページに手書き文章と写真で「家庭新聞」を作成した。創刊が、正に、氏族的メシヤとしての正式なスタートが切られた「七・一節」の1991年7月1日だった。天の祝福を痛感した。

送り返されることを覚悟しながらも、出来上がった「家庭新聞」を両親に送った。1週間がたち、2週間が過ぎた。送り返されてこない。

「返ってこないなんて、奇跡だね」

そんな会話を恵子さんと交わした。

本当は、愛する両親に、「統一原理」の素晴らしさ、文鮮明《ムンソンミョン》先生の偉大さを最も伝えたかったが、教会の宣伝と受け止められるようなことはしないと決めていた。

夕食の食卓、押し入れで遊ぶ幼い娘たちの様子を写した写真、娘たちが書いた読めないようなメモなど、一緒に住んでいれば目にする、何げない家族の日常を切り取って、ありのままにまとめた。

継続するという名の席

「家庭新聞」を創刊したとき、もう一つ博久さんが心に決めたことがある。それはずいぶん啓示的な内容だった。博久さんは、「継続するという名の席」と書いたメモを見せてくれた。

太田家の家庭（氏族）新聞「山居ニュース」。博久さんの故郷の町名にちなんで名付けられた

「人は医者やパイロット、宇宙飛行士、弁護士、公認会計士、大工、建築士、国会議員、教師など、座る椅子を確保する。

33歳の時だったと思う。私はどの椅子に座り生涯を過ごすのかを考えてみた。すると、座る椅子は空いていないことが分かった。既に多くの人たちで埋められていることに気づき愕然《がくぜん》とした。それでも諦めずに考え続けていたら、なんと見つけ出すことに成功した。しかも、その席だけが空いていた。

その席の名前は『継続する』という名前の席だった。ついに見つけ出したわが天命。たった一つの席。あまりにも困難が伴うので、空席が続いているのである。しかしこの席で勝利できない場合は、私には座る席がないのである。後がない。背水の陣である。

例えば、歪んだ骨盤や姿勢を整える真向《まっこう》法体操を目標十段と設定し、最初から継続する予定で出発した。ある日、仕事で午前3時に帰宅。長時間の運転で体は疲れていて、きょうだけは体操をしないで寝ようかという思いが頭をよぎった。しかし私には他の席はないのである。3時から4時まで体操をして休んだ。自分との闘い。そして自分に勝つ。

この瞬間の闘いに勝利して、現在七段である。

すべてがこの例と同じ。やめたくなる瞬間に遭遇する。その瞬間に多くの人たちが勝利できなかったのである。すべてのことがそうである。継続という席は今も空いている。

『家庭新聞』25年。視力訓練17年。真向法体操17年。徹底掃除17年。十年日記23年。信仰歴40年。徹底歯磨き24年。ありがとうを毎日言い続けて12年など、すべては継続のおかげである。継続を天命にした」

いかなる困難も乗り越えて継続することを心に秘めて、「家庭新聞」を年に４回発行した。途中、恵子さんの海外宣教や引っ越しの多忙さゆえに、また父親が亡くなったりして心がふさぎ、年１回しか発行できない年もあったという。それでも、子供たちの図画やメモ、落書きを忘れずに保管し、いつでも写真を撮ることに心を砕いた。

両親が「家庭新聞」を心待ちにしていると知ったのは、創刊から数年がたってからだ。「あるとき、父から『14号がないぞ！』と指摘されて、あっ、楽しみに読んでくれているんだな、と分かりました」と、恵子さんがうれしそうに話す。

後で知るのだが、両方の親が創刊号からの「家庭新聞」を全部、保管してくれていたのだった。娘３人が小学生、中学生になると、今度は「記者」として原稿を書いたり、写真を撮影するようになった。「家庭新聞」は、太田家５人のかけがえのない「愛情の記録」として、家族の絆を深める大切な存在となっていった。

そして次に「家庭新聞」は、断絶した両親との雪解けの役割も果たすのである。新聞を出して10年がたったとき、両方の親から「故郷に帰ってこい」と誘われた。

「どちらの家に戻ろうか、なんてぜいたくな悩みを持つなんて、家庭を出発する頃は全く考えもしませんでした。酒田では、姉夫婦が500万円もかけて家をリフォームして待ってくれていました。故郷に帰った日の感動と喜びは、生涯忘れることはありません」

こう語る博久さん、恵子さんの目にあふれるものが。

「必ず道がある。見つけ出しなさい」

夫婦は、娘が祝福を受けて嫁ぐときは「家庭新聞」を持って行かせるという約束どおり、2010年10月に祝福を受けた長女は、2013年の基元節の時、80冊の「家庭新聞」を持ってお嫁に行った。そして、翌年2月、三世が誕生した。

「これからの太田家の『家庭新聞』は、3代圏氏族新聞へと発展していきます。娘たちが作る新聞も楽しみですね」と博久さん、恵子さんは笑顔で話す。

「涙をもって種まく者は、喜びの声をもって刈り取る」（詩篇126篇5）

この聖句のごとく、太田家は人知れぬ涙を胸いっぱいに抱えながら、「家庭新聞」を発行し続けた。やがて、それが実を結び、一度は切れたと思われた愛する両親や親戚との絆《きずな》の再生を果たしたのだった。苦い思い出も、やがて懐かしい思い出と変わり、1ページ1ペー

孫の誕生記念アルバムを手にする太田博久・恵子さん夫妻

ジ丹精込めて作った新聞が、家族の「宝物」となり、地元の人々の称賛を浴びるまでになった。

「家庭新聞」の取材に来たある女性記者は、太田家の親戚だった。取材を契機に交流が始まり、２０１３年からみ言《ことば》を学ぶようになったという。

最後に、今も家族に理解されず、苦労している食口《シック》に贈る助言を聞いた。

「太田家は夫婦共に家族の反対に遭い、監禁されて、故郷から逃げ出してきた体験を持っています。この体験があったからこそ、『家庭新聞』が生まれました。

ここが人生の奥妙《おうみょう》な点です。表裏になっているのです。今までも何十回も窮地に立ちました。死んでしまいたいとも思いました。しかし結果は、ピンチの裏側に、いつもチャンスがありました。

誰でもピンチなど大嫌いです。しかし同じようなピンチのとき、試練のときに一人でも乗り越えた人、勝利した人がいれば、『私にもチャンスはある』と考えるべきです。

この同じ試練を乗り越えた人を探して交流する、助けを求めること。そして話を聞いて、自分には何ができるのかを考え抜くのです。そして、どんな小さいことでもよいので、継続して実行し続けることなのだと思います。

お父様のみ言は、『必ず道がある。見つけ出しなさい』です。これはお父様の実体験から出てきた、真実のみ言なのです」

第2章　聖なる熱狂

食口《シック》の心を一つにした早朝聖地祈祷

第1地区（北海道）

快適かつ安楽な場所で、復帰摂理を担われる神様と出会うことは難しい。北海道第1地区の兄弟姉妹は2013年冬の極寒の中、早朝聖地祈祷を始め、現在も継続している。責任者の悲痛なる覚悟が原点にあるが、やがて、兄弟姉妹は「聖地に行けば、真の父母様に出会える」「神様が祈りを聞いてくださる」と喜びを口にするようになった。

2013年の冬、北海道は例年の3倍もの雪が積もり、寒さに慣れているはずの地元の人たちを驚かせた。北海道宗谷地方南部の中頓別《なかとんべつ》ではマイナス31・0度を記録したが、これは富士山の頂上（マイナス31・1度）を上回る寒さだ。ふぶけば、外は冷凍庫の中にいるより厳しい寒気にさらされることになる。

午前3時起床、聖地へ

そのような歴史的な厳寒の中、第1地区の矢吹恭一地区長は毎日午前3時に起床。すぐに外出のため着替える。前年の冬は、「ホカロン」を何枚も体中に着けたが、毎日マイナス3度からマイナス12度のその年の冬はズボンを4枚、防寒着を3枚羽織るなど〝重武装〟で出掛ける。向かうは、車で5分の札幌市の円山《まるやま》公園の中にある聖地だ。

それぞれの自宅から食口《シック》（韓国語で家族。教会では教会員をこのように呼ぶ）が集まり、午前3時半を合図に、聖歌「동산의 노래《トンサネノレ》」（園の歌）を韓国語と日本語で賛美する。続いて宋《ソン》榮涉《ヨンソブ》・前全国祝福家庭総連合会総会長が神様への賛美を込めて作った詩「神様、愛しています」にメロディーをつけた歌を歌う。続いて敬礼を捧げ、家庭盟誓《カヂョンメンセ》を唱和。担当する各教会長が代表祈祷を行い、「天地人真の父母定着実体み言《ことば》宣布天宙大会」のみ言を約30分かけて訓読する。そして、矢吹地区長が説教を担当。代表者の感謝祈祷、参加者全体での祈祷を行い、午前5時には終える。

精力的に活動していた矢吹地区長だが前年の秋、体調不良に見舞われた。血尿が連日続き、

北海道札幌市の円山公園で早朝祈祷を捧げる第1地区の食口たち

病院で検査をしたが原因は判明しない。スタッフが地区長の体を気遣ったが、彼は早朝祈祷会への参加にこだわった。体の不調や多忙を理由に早朝祈祷を休んだとしても、誰からも非難を受ける立場ではない。だが、矢吹地区長は周囲の心配をよそに、この精誠条件を自分自身に厳しく課した。それには、深い訳があった。

真の父母様が北海道神宮（札幌市）の敷地内に聖地を決定されたのは1965年2月8日。だが、2004年10月の台風15号で、聖木が根元から倒れてしまった。その後、さまざまな事情から立ち入り禁止となった。その後7年間、公的に祈祷ができなかった事情を宋榮浤総会長（当時）に報告。円山公園内に聖地を定めてもらった。

新しい聖地で祈祷が始まったのは2011年7

月21日から。札幌市内の６つの教会と地区が、１週間のローテーションを組み、順番に40日間、天運安着、天福定着のために祈った。そのような中、韓国婦人会の李《イ》有《ユ》珗《ソン》会長を中心とした３人が基台をつくり、40日でなく１２０日間を決意。ところが、その90日目の10月30日、しばらく行方不明だった日韓家庭の兄弟が、定山渓《じょうざんけい》（札幌市南区の景勝地）の駐車場の車中で遺体で見つかったのである。

矢吹地区長は、その知らせに霊的な危機感を感じて、「韓国婦人会が、韓日・日韓の国際家庭の恨《ハン》など、天に涙の報告祈祷をしている動機を大切に思い、地区全体で基台をつくり、この１２０日間の精誠条件を成就しなければならない」と決意した。それから、地区長自身が毎朝、祈祷会を担当。11月29日に無事、１２０日間の聖地祈祷が完了した。

その基台の上に矢吹地区長は、２０１１年12月１日から新たに基元節（２０１３年天暦1月13日）に向けて、地区として早朝聖地祈祷の精誠条件をスタートさせたのである。

「国際家庭の兄弟が亡くなった事件を通して、韓国の霊界と日本の霊界が憎しみ合ってぶつかるなど、さまざまな人間関係がうまくいかなくなりました。また、裁判も起きていました。このような霊界を収拾し、地区、教区、教会、食口《シック》を一つにするには韓国婦人会が行った１２０日間精誠の３倍を決意して実行しなければならないと判断して出発しました」

各教会の食口が午前5時から6時までの精誠を捧げるのに対して、矢吹地区長は、聖地を国家的祭壇と位置づけて、その3倍、すなわち午前3時から6時までの祈祷条件を積んだ。彼は、3時間の祈祷の中で、自身の信仰姿勢の悔い改め、自身の祝福家庭としての悔い改め、そして、公職者としての悔い改めの祈祷を約1時間、その後の2時間は、神様の創造理想の実現、天地人真の父母様の神様の解放・釈放、人類の救済のための血と汗と涙の蕩滅条件、文興進《ムンフンジン》様、文亨進《ヒョンジン》様、文国進《クッチン》様、大母《テモ》様、宋榮渀総会長、梶栗玄太郎会長（当時）のために、さらには公的な目標成就、矢吹家の目標成就のため、次には牧会者、婦人代表、地区・教区スタッフ、関係団体、渉外担当、韓国婦人会など、一人一人の名を挙げて祈った。3時間という時間も、あっという間に過ぎた。

食口の心が一つに

2012年春からは、時間帯を午前3時半から5時までに変更した。

初めは祈祷のみだったが、やがて礼拝と祈祷会。さらにみ言《ことば》訓読、礼拝、祈祷会というふうに内容を充実させていった。1年8か月で延べ1万8050人が参加した。

それと同時に、清平《チョンピョン》と連結して、「北海道での強制労働の犠牲者およびいわゆる従軍慰安婦の犠牲者」の特別解怨、歴史上の義人・聖人の特別解怨も加え、北海道全体で6100人の霊人の解怨と祝福を推進。

その成果は目に見える形で表れた。教会運営が導かれ、礼拝―伝道―教育―祝福のラインが定着。「それまでギクシャクしていた教会責任者と食口の関係が強い信頼関係に変わり、不平不満から和合統一へと転換したのです」と矢吹地区長。真のお父様の自叙伝『平和を愛する世界人として』を持ち、多くのキリスト教会の牧師や神父を訪問して、活発に交流できるようになった。

このような早朝祈祷会に参加するには、前夜、休む前の決意と準備がなければ難しい。睡眠欲や寒さに負けない強い意志を持って聖地に向かう兄弟には、聖地の聖木を上り下りするリスや、彼らが祈祷する内容を聞いているようなキタキツネの姿一つ一つに神の創造の神秘が感じられたという。

矢吹地区長は振り返る。

「特に、5か月間、雪に覆われ、空気が澄んでいて、何一つ雑音のない、本当に特別な空間の中で祈祷することで、心を人間本来の清さ、純粋さ、正直さ、謙虚さに導いてくだ

早朝聖地祈祷に参加した第１地区の食口たち

さった。これは天が下さった美しい環境であり、神様を強く実感できるひとときでした。また、天と真の父母様から動機、目的、方向性を正される場所が聖地でした」

矢吹地区長は、聖地に対するみ言（１９６５年）を大切にしている。お父様はこう語られたのである。

「聖地にある土と石は神様が臨在されることのできる基台になるのです。……それならば神様と人間と聖地が一致すれば、どのような因縁ができるでしょうか？　堕落する前のアダムとエバに復帰したという基準を立てることができるのです。聖地を選定したということは、エデンの園で失った、人と地と万物を復帰することのできる地を備えて、人を探し神様に対することのできる焦点を決定したということです」

北海道のすべての食口は、真の父母様のみ言《ことば》をかみしめて、聖地で天の父母様（神様）、真の父母様と出会ったのである。

「聖地を訪ねたら、お父様に出会える」

参加した兄弟の意見を聞いてみた。

「聖地を訪ねると、その地に足を踏み入れるだけで、神様と真の父母様の真の愛の懐に抱かれたような心情になります。そのような聖地で地区長が語ってくださるみ言を通して、その時の天の願いを知ることができ、時に地の事情に傾きそうになる自分自身を正す時間となりました」（江別教会、山須田万里子さん）

「地区長ご自身が、神様と父母様を中心として、常に謙虚な姿勢で、動機と目的と方向性をしっかりと合わせていかれる中で、北海道の全家庭が守られ、北海道全体の自叙伝伝道、年四回の原理讃美復興会、キリスト教の牧師伝道、要人渉外などの摂理が一つ一つ進展していき、着実に基盤を築くことができたと実感します。責任者たちが聖地で一つに集って授受する姿に温かな心情を感じました。また、聖地を中心に一体化して歩んでくださるところに天運が訪れることを実感しました。何度かお父様、お母様と子女様が来られていると感じたこともありました」（札幌教会、小松由希子さん）

「早朝祈祷を通じて、お父様が直接定められた世界聖地がすぐそばにあることの恩恵の偉大さ、貴さを少しずつ皆が感じ始めました。特にお父様の聖和《ソンファ》以降は、聖木に触れると、お父様の肌のぬくもりを感じたり、聖地のその場にお父様がにっこりほほえんで座っておられるお姿をたくさんの食口が見たり、感じたりしています。聖地を訪ねたらお父様に会えるとの雰囲気が北海道の食口全体に広がっています」（札幌創成教会、中山富雄さん）

札幌手稲西教会の安田公保《きみやす》教会長（当時）も、またうれしそうに、「聖地での精誠は、真の父母様が直接導いてくださり、国家的な天運を注いでくださいます。人間の力では起きない、考えられないようなことが、天と高級霊界圏によって導かれる、最善の作戦であることを実感しています」と語る。

矢吹地区長は、お父様が決定した聖地に対して、食口たちが本当に感謝している姿、喜んで参加する姿に感謝している、と喜ぶ。

ビジョン2020の勝利に向けて、第1地区は今も聖地における早朝祈祷を続けている。

24年、毎朝続けた聖地祈祷

吉野勝子さん

私立高校でトップの成績だった長男の突然の異変が契機で、母子で始めたみ言《ことば》学習。やがて、聖地祈祷の力を知り、1991年7月1日から本格的に午前5時からの早朝聖地祈祷をスタートさせた吉野勝子さん。台風などの悪天候や体調不良で休んだことは一度もなかったという。心の浄化に気づいたという彼女の表情は輝いている。

2013年8月28日、大阪府柏原市在住の吉野勝子さん（当時68歳）が関西空港に降り立った時は、午後11時を回っていた。長男、綱《こう》さん（当時45歳）と共に、韓国・清平《チョンピョン》で挙行された真のお父様聖和《ソンファ》1周年式典と、それに続く清平役事に参加しての帰路である。

電車を乗り継ぎ、柏原市の自宅に着いたのが、日付が変わって29日午前零時45分。荷物を解き、着替えて床に就いたのは午前2時に近かった。

2人は午前3時には起床し、着替え、洗面を済ませると20分後には外へ。午前4時には大阪城内の聖地に到着した。

敬拝、家庭盟誓《カヂョンメンセ》、訓読、祈祷で1時間半を費やすが、派遣社員として働く綱さんは、この日、そのまま6時半の集合場所に直行した。妻の多恵子さんは、夫に持たせる弁当を作るために午前2時過ぎに起きたという。

勝子さんは、4000個団摂理の始まった1991年6月から今日まで、海外出張などで自宅を留守にする日を除き、24年間、早朝聖地祈祷を続けてきた。延べ8900日を超える。台風の日も豪雨の日も欠かすことはなかった。

綱さんは、鮮文《ソンムン》大学校を卒業し、韓国で10年間、牧会者として過ごした。現在、妻と子供3人と共に日本の実家に戻り、月の半分以上は日本で働き、残りの日々は清平の役事《やくじ》に参加し、忠清南道舒川《チュンチョンナムドソチョン》郡を拠点に伝道活動を続けている。

綱さんは日本にいるときは、勝子さんと一緒に聖地祈祷を行い、精誠条件を捧げるのだが、2人は「統一原理」と出合ったのも同時という不思議な縁を持つ。

親子で同時期に「統一原理」に出合う

秋田市に生まれた勝子さんは高校卒業後、靴の大手企業に就職。そこで出会った6歳年上の菁《しげる》さんと結婚して、翌年、長男の綱さんが誕生。2年後、転勤先の福岡で長女、まどかさんが生まれた。

勝子さんのみ言との出合いは、綱さんがきっかけと言える。

綱さんは私立高校に進み、1年のときは約800人の中で常にトップ争いをする優秀な成績を収めた。2年では、国公立大学進学を目指すクラスに入る。ところが、進級直後から全く意欲がなくなり、勉強が手につかなくなった。部屋でぼーっとして、そのまま寝てしまう日々が続いた。しばしば金縛りも体験したという。

息子の将来を楽しみにしていた勝子さんは焦った。さらに、仲の良かった妹と、よくけんかをするようになり、勝子さんをいらだたせた。

そんなある日の夕方――。仕事を終えた勝子さんは何か胸騒ぎを感じて、夕食の買い物もせずに自宅に急いだ。部屋にかばんを置いた直後、一人の青年がベルを鳴らした。

「お母さん、神様を信じますか?」

大阪城内にある聖地で、吉野さん夫妻（右）、長男・綱さん（左）と長女・まどかさん

宗教に否定的な夫の影響を受けていた勝子さんは、「信じません。神様を信じる人なんて、心の弱い人です」と答えたが、「神様はおられますよ」と青年は明言した。

後に勝子さんは知らされるのだが、この日、綱さんは部屋に閉じこもって「神様、助けてください」と必死に祈っていたという。

それは、１９８５年５月29日のことだった。

この青年の訪問を契機として、高校３年生だった綱さんは学校帰りに教会の教育センターに通い、み言を学び始めた。勝子さんも、仕事が終わった後、夜の時間を見つけて受講したが、綱さんのほうが先に真の父母様を証《あか》されたという。

「息子は社会の矛盾に悩んでいました。優秀な生徒だったときはちやほやした先生が、成績が落ちると途端に態度を豹変《ひょうへん》させてしまう。私たち親も、言っていることとやっていることが違うじゃないかと。み言を聞いて一つ一つの疑問が解けていくと、息子の腐った魚のような目が、キラキラと輝き始めました。一変したのです」

勝子さんも、堕落論を聞いて、長く抱えていた心の葛藤や、父親へのいらだちが解けた。神様の心情世界が理解できると、それまで感じたことのなかった花の美しさを実感できた。1か月後には夫も教育センターに誘った。

娘のまどかさんも、「お母さんが勉強しているのなら自分も」と教会に通うようになった。勝子さんは1、2年のうちに、母、妹、弟の嫁などにもみ言を伝えた。

1988年、吉野家は母親、菁さん・勝子さん夫妻、綱さん、まどかさんの5人で韓国の教会を訪問した。すると金榮輝《キムヨンフィ》先生（36家庭）から「み言を聞いた日本人の家庭が親子3代で訪問してくるのは珍しいです」と喜ばれて、花束を贈られた。

綱さんは、教会の婦人の勧めで朝鮮学科のある天理大学に入学し、その後、鮮文大学神学科に進む。2010年8月、同大学修士課程を修了した。勝子さんによれば、綱さんは大学時代から水行や祈祷などの精誠条件を熱心に立てていた。

真のお父様から、4000個団の伝道摂理が発表された1991年6月のこと。一時帰国した綱さんは、早朝の聖地祈祷から戻ると、寝ていた勝子さんの布団をはがして、こう叫んだ。

「みんなが寝ているときに寝ていて、個団摂理が勝利できると思うのか‼ 聖地祈祷をして出発しなさい！」

勝子さんは無性に腹が立ったという。「誰のおかげで大学に行けていると思うのか。私だって日中、働いているのに、無茶言うな」と。

その数日後、寝ている勝子さんに再び「お母さん！」と綱さんの大きな声が聞こえてきた。韓国に戻ったはずの息子が帰国したのかと思い、びっくりして起きてみたが、誰もいない。「あれは、神様の声だったに違いない。息子は、『聖地祈祷すれば自分の疑問に神様が答えてくださる。病気にもならない。だから世界のために祈りなさい』と話していた。本当に聖地祈祷が自分の信仰生活に必要なものか一度、試してみよう」

こう思い立ち、勝子さんは1991年6月18日から30日まで実践し、その後、10日間は聖地祈祷をやめてみた。違いは明白だったという。

聖地祈祷をした日のほうが、職場の同僚や来客との接し方も、自分の心情も、爽やかだった。改めて、祈祷の力を実感した。

早朝聖地祈祷をスタート

1991年7月1日から、本格的に早朝聖地祈祷をスタート。午前5時までに聖地に到着するには4時に起床し、4時20分に家を出る。

天の前に、健康でみ旨の道を歩めることにまず感謝を捧げ、真の父母様の安寧、真のご家庭の安寧、世界摂理、日本の使命成就、地区、教区、所属教会、自分のゲストのため……と順番に祈っていくと、40分はすぐに過ぎていくという。

現在、教会の名節行事は午前7時からだが、吉野家では今も午前5時から始める。安侍《アンシ》日《イル》も同様に午前5時からの敬拝があるので、その前に聖地祈祷を終えて帰宅するために、午前2時に起床して聖地に向かう。

所属教会ではかつて深夜12時まで祈祷会を行うこともあり、そのまま午前1時に聖地を訪ねた。台風などの悪天候や体調不良で休んだことはなかったのですかと尋ねると、勝子さんはうれしそうにこう答えた。

「それが不思議に一度もなかったんですよ。前日、風邪気味で熱があったり頭痛がしても、

親族を集め、「吉野家氏族家庭教会出発式」を行う

翌朝には聖地に向かうことができました。阪神・淡路大震災があった日は聖地の大木が大きく揺れて、神様の怒りを感じ、涙しました」。また、「目覚ましがなくても、起きられます。誰かが起こしてくださっているんですね」とも。

鮮文大学時代の綱さんが夏休みに日本に戻り、一緒に聖地祈祷に行くときは、幾たびか悔い改めさせられたという。

「自分は40分祈ると、車に戻って息子を待ちます。家に戻って、職場に行く準備もありますから。ですが、息子は神様に祈りが通じるまで続けます。長い時には2時間以上、祈り続けるのです。イライラしていると、それが息子に伝わり、息子から『世界のために祈るのと、職場に行くのとどちらが大事か』と分別されましたね」

だが、綱さんは厳しいだけではなかった。1997年夏、160家庭に聖酒を飲んでもらう摂理があった。このとき、菁さん・勝子さん夫妻と、まどかさんは東北の親戚宅を訪問し、聖酒を飲んでもらった。

次に、韓国で教会長をしていた綱さんが教区長の許可を得て、一時帰国。7月28日、夕方6時半に自宅に着き、夕食を済ませると8時には、「隣の家から回ろう」と、真の父母様の写真、聖酒、「真の家庭実践運動宣言書」などを持って一緒に出掛けた。ほとんど毎日、午後8時から3時間、訪問を重ねたが、しばしば躊躇《ちゅうちょ》する勝子さんを綱さんが励ましたという。

菁さん・勝子さん夫妻は、1992年の3万双既成祝福を受け、綱さんは二宮多恵子さんと、娘のまどかさんは法村剛さんと36万双祝福を受けている。勝子さんの母親も36万双単独祝福の恵みに与《あずか》った。

夫の菁さんは、み言を学んでいたが、最初はそれほど真剣ではなかったという。多くの先輩上司を抜いて、39歳の若さで系列の商社の社長に抜擢されるなど、順風満帆の人生を送ってきた。それが部下の過ちの責任を取らされて、係長に降格・左遷された。人生の不条理を味わって、初めてみ言に真摯《しんし》に向かうようになったという。

「秋田の人は純粋な人が多いと思いますが、妻はそれに輪を掛けて純粋で、思い詰めたらまっすぐに突き進むタイプです。それを見守るのが私の役割でしょうか」と菁さんは、静かに語った。

21人伝道、６人が祝福家庭

早朝聖地祈祷の恩恵は大きく、勝子さんは自分の堕落性に気づき、謙虚さを学んだ。また、祈祷を通じてお父様との心情的な距離も近づき、祈祷を重ねていく中で、心が浄化されていくのに気づいたという。

実際、勝子さんの表情には内なる輝きがある。

傍目《はた》には大変に映る未明の早朝祈祷が、勝子さんには欠くことのできない貴重な霊的復活の時間なのである。勝子さんはこれまで21人を伝道し、現在、６人が祝福家庭という。

勝子さん、綱さんがみ言に出合う前年、勝子さんの伯父、父親、菁さんの父の３人が相次いで死去した。それが、吉野さんの氏族にみ言の種が播《ま》かれる条件だったのではないかと勝子さんは受け止めている。

さて、綱さんは勝子さんの息子だが、信仰の世界では学ばされることも多い。一緒に聖地祈祷をしている親子というのは、教会でも珍しい。勝子さんが笑いながら話してくれた。

「霊能者に見てもらったら、私と息子は親子ではなくて、兄弟で行をしているような関係だと言われました。まあ、確かに一緒にみ言を聞いて、30年過ぎた現在、一緒に黙々と聖地祈祷をしています。修行している兄弟と言えば、そうなのかもしれませんね」

そんな勝子さんの夢は、幼い孫たちが大きくなって親子3代が真の父母様と共に歩む家庭を築くことである。そのためにも、聖地祈祷はできるだけ続けていきたいと考えている。

天宙清平《チョンピョン》修錬苑訪問19年目に突入

吉野綱《こう》さん

吉野勝子さん・綱さん親子は、み言《ことば》との出合いが同時だった。綱さんが日本滞在のときは、勝子さんと一緒に聖地祈祷を行い、精誠条件を捧げている。天に捧げる精誠の前では、己に対しても実母に対しても驚くほど厳しい綱さんだが、「精誠の恩恵とは結局、自分と自分の家庭が保護されるということ」と語る。

精誠の頂を目指して日々、精進を重ねる人々の姿に触れるとき、彼らの胸中にあるのは、周囲の人々のまなざしや評価以上に、天の父母（神様）であり、真の父母様であるということを痛感せざるを得ない。

先に、24年間、毎朝、大阪城内にある聖地で祈祷を捧げてきた吉野勝子さんを紹介したが、勝子さんと同時にみ言に出合い、今現在、共に精誠祈祷を捧げている長男、綱さんの存在が心にずっと残っていた。

天に捧げる精誠の前では、己に対しても実の母親に対しても驚くほどに厳しい。その強《きょう》靭《じん》とも言える信仰姿勢の源泉はどこにあるのかを知りたくて、筆者は吉野勝子さんを取材した翌月も、大阪府柏原《かしはら》市にある吉野家を訪問した。

氏族を代表して条件を立てる

綱さんは、「母（勝子さん）が成した24年の聖地祈祷は、個人的にしているものではなく、絶対善霊の先祖様をはじめとして、氏族全体で立てている条件です」と切り出した。

そして綱さん自身が、氏族を代表して立てた精誠条件とは、次のようなものである。

1、月1回、天宙清平《チョンピョン》修錬苑訪問19年目
2、40分祈祷　7000日（2015年7月6日現在）
3、40日断食2回（第1回は1996年2月21日から3月31日、目的は日本と韓国の責任完遂。第2回は2005年12月20日から2006年1月28日、目的は南北統一、日本と韓国の責任完遂）
4、21日断食（毎日70分祈祷を含む）1回（1994年3月7日から3月27日、目的は平壌《ピョンヤン》大

清平の天勝台で。吉野綱さん家族（36万双）

会の勝利）

１９８６年、綱さんは「１２０日間、40分祈祷をしたら、霊の子女ができる」と語られた真の子女様の教えに従い、これを実践。以来、40分祈祷を生活化し、毎日続けている。40分の内容は、敬拝、家庭盟誓《カヂョンメンセ》、祈祷、訓読で、２１０拝の敬拝を入れるときもあるという。祈祷は簡潔に短く、訓読や敬拝の時間を多く取るようにしている。み言は必ず音読し、すべて韓国語で訓読しているが、驚くほどに恵みが大きい、と綱さん。ここ数年間は、天地人真の父母様の年頭の祈祷をカセットテープに録音し、毎朝3回以上、聞いている。

そのような中、忘れられない出来事がいくつもあったという。

１９８９年7月29日、奈良の三条通《どおり》で綱さんが路傍伝道していると、向こうから霊的にキラキラ輝く若者がやって来た。「神様を科学的に証明できます」と綱さんが話し掛けると、相手は韓国に留学中の高校生だった。ミッションセンターまで連れて行き、入り口の階段下で彼を待たせた。綱さんはスタッフルームに入って、「高校生だけど、いいか」と聞いていると、その高校生が室内まで入ってきて、「ゲストを階段下で待たせるのは良くない。僕は祝福二世だ」と言明した。彼こそ、ほかならぬ堀正一《まさいち》さん（現・南東京教区長）だった。堀さんは「よく二世を釣り上げてくれました」と大喜びしながら、綱さんとじっくりと話し込んだという。

綱さんの伝道は、堀さんとの出会いを契機に拍車が掛かり、翌月にはミッションセンターに街頭から数十人を連れてきて、8人がコース決定し、南大阪教区伝道部門で優勝した。天理大学朝鮮学科で論文を書いた1年間は、教区の二世たちに韓国語を教えながら子女教育を担当。

大学の論文のテーマは、「文鮮明《ムンソンミョン》氏の思想と行動について」と決めた。その理由を聞くと、「だって、自分の関心は真の父母様を証《あか》すことしかなかったのです」と綱さん。朝鮮学科の卒論であるので、ハングルで仕上げなければならなかった。普通は各学生に指導担当教授がつくが、卒論のテーマに反感を抱いた教授たちは、綱さんに「おまえ一人でやれ」

と突き放した。綱さんはくじけず、卒論を完成させた。

天理大学朝鮮学科の会員紹介や新入生紹介などをまとめた冊子には、学生が一言書き込めるようになっており、綱さんは「文先生のことをよく知らないで悪口を言わないでほしい」と書いたのだが、そのコメントが黒マジックで塗りつぶされていたという。

堀正一さんの勧めもあって、大学卒業後に韓国の鮮文《ソンムン》大学に留学。92年の3月からは天《チョ》安《ナン》教会（忠清南道《チュンチョンナムド》）で寝起きし、韓国・世界日報の配達をしながら通った。早朝祈祷も欠かさずしようと努力した。

最年少で40日断食

綱さんは、その天安教会でお父様との霊的な出会いをする。

「文鮮明先生が寒い冬に教会の聖殿の板の間でひざまずいて、涙をボロボロ流しながら綿のズボンがぐっしょり濡れるほど祈祷しておられました。今までにどれくらい隠れて涙の祭壇を積まれたのか、先生の前には、そのとてつもない量の涙で川が成されていました。その神様と人類を思う涙は、ダイヤモンドのように美しかったです。先生の右肩の背後では、白い着物を着た柳寛順《ユグァンスン》烈士をはじめとして多くの天使天軍が見守っていて、その方が救世主であることを証《あか》していました」

1994年1月、韓国から一時帰国して聖地祈祷をしながらアルバイトをしていた。2月8日、大阪・阿倍野教会を訪問された金元弼《キムウォンピル》先生（3弟子、36家庭）は、食口《シック》の家に泊まりたいと希望されたが、応じる人がいなかった。その話を聞いた綱さんは、「ぜひ、わが家においでください」と申し込んだ。吉野家の祈祷室に入られた金先生は、「本当にここは教会だ。ホテルよりも食口の家のほうが気楽です」と喜ばれた。

1994年12月、韓国の巡回伝道団に入団。1995年1月1日「真の神の日」に真のお父様のみ言を聞いていると、あるみ言が綱さんの心に強く響いた。それは、「神様の真の愛は、肉体の極限で復帰される」という内容だったと記憶している。

そのみ言に、40日断食の必要性を痛感。翌1996年2月21日、綱さんは40日断食を決行した。その時を振り返って、綱さんはこう語った。

「祝福を受けたが家庭出発をすることなく、また二世の子女を持つことなく、40日断食を決行する心情は相当複雑なものでした。先輩方は幼い子供を孤児院に預けて活動したといいますが、それ以上の痛切な心情を味わったと思います。当時、最年少での40日断食の試みでした。３日間は韓国で、残りは日本でしました」

40日断食の苦しみは、想像以上に過酷なものだったという。

「アウシュビッツの毒ガス室のようと言えば、オーバーだと思われるかもしれませんが、私自身にとっては、それほどまでに大変な体験でした。実際、断食の最後にもがき苦しんだ部屋には、断食終了後も、数年間近寄りたくなかったくらいです」

39日目には大阪の阿倍野教会におられた羅《ナ》林《イ》烈《ニョル》先生（72家庭）が駆けつけてくださった。羅先生は、断食終了日である３月31日の聖日、礼拝の説教で吉野綱さんの断食について証した。その礼拝の席に井口《いのくち》康雄氏がいて、吉野綱―井口康雄―河野樹夫の３人による「真のお父様の日本入国のための祈願１２０日リレー断食」となっていく。

１９９８年11月３日、真のお父様はジャルジンで、１２０日間の40日リレー断食の報告を受け、３人が写った写真４枚にサインをされ、うち１枚は日本の本部教会に信仰のモデルとして飾っておくよう願われたという。

天宙清平修錬苑に月1回訪問

早朝祈祷とともに精誠を投入してきたのが、韓国・天宙清平修錬苑に毎月1回、必ず訪問することを生命視してきたことだ。既に19年を重ねる。

綱さんは1996年12月に始まった牧会者夫婦40日修練会で霊的体験をする。ある日、訓母《フンモ》様が壇上で語ってくださっているとき、突然、霊眼が開け、訓母様の右肩横に座禅姿の釈尊が現れた。螺髪《らほつ》まではっきり見えた。気になっていたところ、訓母様は自ら釈尊に夜通し役事での賛美の仕方などを指導したと語られた。これが、綱さんが清平役事を生命視する契機となった。

「地上での伝道も大事ですが、霊人たちの解放、伝道も重視しないといけないのです。大母《テモ》様によれば、木の葉のように人の肩についた霊人体は、そのまま放置しておけば体に入っていくが、毎月、役事に参加していれば、修錬苑の門をくぐるだけで霊が簡単に取れるというのです。私たちの信仰生活には霊的な協力が大切ですから、善霊の協助は不可欠です」

綱さんは1996年から10年間、韓国で牧会者として歩んだが、2001年1月1日「真の神の日」記念礼拝の時、思わぬ出来事があった。

真のお父様が綱さんの妻・多恵子さんの顔を見ながら日本語でこう尋ねられたのだ。

「一日労働して帰ってきた旦那様の足袋《たび》を、お尻の下に敷いてしまうか。旦那さんに投げてしまうや?」

綱さんによれば、「私の霊人体が飛び出すほどの驚きでした」と言う。理由を尋ねると、綱さんは苦笑しながら、話してくれた。当時、彼が赴任していた教会の献金が少なく、綱さんは近くの都市の日本語学校で毎日7時間、日本語を教えていた。だから、教会に帰ってくると、いつも夜の11時を過ぎていた。その時、汗でぐっしょり濡れた綱さんの靴下のにおいが、しばしば夫婦げんかのタネになったというのだ。

2005年12月20日、韓国の長項《チャンハン》教会(忠清南道)に牧会者として赴任しているとき、2回目の40日断食を決行。この時も切腹でもしているような激痛を何度も体験したという。毎月1回の清平訪問のため、40日断食勝利後3日以内に往復10時間の道のりを運転しなければならず、その時ほど肉体的につらいことはなかったという。

牧会者として月1回清平を訪問した時は、教会の食口の各家庭に天神水を1樽(10~20ℓ)ずつ届けた。そのため、修錬苑からバスと電車で100リットルほどの天神水を運んだこ

大母様を囲んで吉野菁さん（右から2人目）勝子さん（前列左端）夫妻と長男・綱さんの家族と長女・まどかさんの家族（清平）

ともあった。2000年の春にジャルディン修練会に参加したときには、真の父母様に天神水をお届けしたことも。

早朝祈祷を絶対視

1998年2月、綱さんは韓国語習得テキストを完成させている。その中にも、韓国語習得勝利のポイントの1番目に、「朝を勝利すること」を強調している。精誠条件もそうだが、なぜ、早朝を主管するということが大切なのだろうか。その質問を綱さんにぶつけた。

「韓国留学時代に、李耀翰《イヨハン》先生（36家庭）にお会いしたときに、こんな話を伺いました。真のお父様は朝の祈祷生活を絶対視されたというのです。朝5時に祈っていると、すでに世の中の人たちが生計のために働き始めている。それに刺激を受けて、もっと早く起きて祈祷されました。一日の初めに、神様との縦的関係を確立する祈りを終えるまでは、そばに弟子がいても目を合わせず祈られたというのです」

綱さんが早朝祈祷を重要視する原点が、ここにある。

熱心な信仰生活を送ってきた綱さんだが、「私の人生は、決して順風満帆ではなかった」と語る。

保育所に通っていた頃、いつもにこにこ笑っていたのが裏目に出たのか、担任の先生のスタンプを盗んだと濡れ衣《ぎぬ》を着せられ、一日中廊下に立たされた。小学1年のとき、綱さんの自転車を台にして友達がお地蔵さんのお供え物を取るふりをした。ちょうど運悪く隣のおばさんに見られ、綱さんの母親に告げ口。その日の晩、母親から気絶するほど叩《たた》かれたという。

中学校のとき、同級生の韓国人に理由もなく顔面を殴られ、韓国に留学していた頃、学校の寄宿舎に一緒に住んでいた韓国人から暴行を受けたことも。

36万双で韓国人の相対者に出会ったが、96年に40日断食を終えた後、一方的に離別を宣告してきた。そうした試練の一つ一つを、綱さんは歯を食いしばって乗り越えてきた。

「さまざまに恨めしい思いを抱いたとしても、天地人真の父母様以上に恨めしく、悔しい地上生活を送った人がいるでしょうか。この地上で生きて十字架を越えられ、勝利なさった天地人真の父母様が私たちのモデルです。何度転んでも、前進あるのみです」

筋の通らぬことが大嫌いな性格で、先輩家庭が相手でも、おかしいと感じたことは遠慮せずに苦言を呈する。それゆえ、煙たがられることもあるという。だが、綱さんは引かない。天が願われる自分になる、ということが信仰者としての最大のテーマであるからだ。

「この道は最後の最後まで分かりません。毎日毎日反省し、悔い改めなければなりません。良心に引っ掛かっていることがあれば、神様に告白しなければなりません。成長の途上であり、課題だらけの自分です。完成していたら、会う人ごとに、真の父母様を証《あか》しできるはずです。電車の中でも飛行機の中でも……。だから、まだまだです。

精誠の恩恵というのは結局、自分と自分の家庭が保護されるということではないでしょうか」

精誠を極める綱さんの歩みは終わらない。

自宅全焼、鬱《うつ》病乗り越え、伝道に邁進《まいしん》

勇我《ゆうが》美智子さん

２００８年２月25日、勇我美智子さんの自宅が漏電による火事で全焼した。幸い家族全員の命は助かったが、その後、体調を崩し、自律神経失調症と鬱病で２年ほど自宅で養生した。家を失ってもなお、捧げた献金を神様が記憶されたのだろうか、奇跡的に健康を回復して伝道を推進。真のお母様御来日の折、朝の訓読会で３度、証しをするという栄光に浴した。

２０１３年10月、真のお母様が日本巡回をされた折、朝の訓読会で３度、証しをしたのが愛媛教区新居浜教会で四国中央教育センター所長を務める勇我美智子さん（当時60歳、３万双既成）だった。

２００８年２月25日、漏電による火事で自宅が全焼。幸い家族全員の命は助かったが、その後、体調を崩し、自律神経失調症と鬱病で、2年ほど自宅で、養生するという体験を持つ。

試練は、人を大きく2つに分ける。試練に負けて、さらに悲惨な道へと転落していくか、試練をバネにしてたくましく成長して天運をつかむか——。勇我美智子さんは、間違いなく後者の1人だ。

だが、その道のりは決して平坦《へいたん》ではなかったはずだ。数分の証しでは語ることのできなかった彼女の信仰路程を知りたくて新居浜教会を訪ねたのは、霊山、石鎚《いしづち》山（標高1982メートル）の山頂に雪が積もり始めた2013年11月中旬だった。

自律神経失調症と鬱病

1953年11月、現在の愛媛県四国中央市寒川《さんかわ》町に生まれた美智子さんは高等学校卒業後、大阪の病院の事務員として住み込みで働いていた。ある日、父親が、土木作業中、落ちてきた鉄板に当たり、重傷を負う。入院先の病院で、うわ言でつぶやいたのは妻子のことではなかった。

「議員となって、地元の人たちのために働こうと思っていたのに、もう選挙に出られないのか……」という無念の嘆きだった。

そのことを母親から聞いた美智子さんは、父親の夢を叶《かな》えてあげようと職場を退職。父の選挙応援を始めた。父親が旗を掲げ拡声器を積んで先頭のバイクに、2台目のバイクには美智子さんが乗り、「父をお願いします！」と叫んで市内を回った。選挙本番になれば、家族総出で応援に繰り出した。その甲斐《かい》あって、2度落選していた父が見事に当選。以来、22年間、市議会議員として地域社会のため尽力した。

25歳のとき、1歳年上で、当時和菓子職人であった勇我吉則さんと見合い結婚をした。それにまつわる笑い話を、美智子さんが披露してくれた。

「私の母は、美智子妃殿下のような女性になってほしいとの願いを込めて、私に『美智子』と命名しました。見合い相手の苗字が、『ゆうが』と聞いて、結婚したら『優雅美智子』となるのか、まあ素敵だわと思っていたら、『優雅』でなく、『勇我』と知り、びっくりしました」

夫の両親と同居しての家事に子育てという、忙しいながらも充実した家庭生活に異変が訪れたのは、美智子さん33歳の時。三男を出産した直後のことだ。ホルモンの変動による精神的不安や精神神経症などを伴う「血の道症」になったのである。不眠、不安、倦怠《けんたい》感、疲労感に襲われて、2年間ほど寝たきりのようになったという。美智子さんは「もう死にたいと思った」と胸中を吐露し、夫の吉則さんは「あの頃の妻は、私の顔さえ分からなくなるほどのひどい症状でした」と語る。

美智子さんは当時を振り返って、隠居生活の義父の面倒を見たうえに、家事や育児で忙しく、ずいぶんとストレスを溜《た》めていたのが病気の背景にあったと思うと言う。「これまで長男と次男が赤ん坊のときは世話などしたことのなかった義父が、赤ん坊の三男にミルクをやり、オムツを替え、義母は家事一切を手伝ってくれたのです」。

夫婦で通い始めた実践倫理宏正会は、自分のそれまでの考え方を改める契機となった。ところが、指導してくれた班長、問谷《といたに》敬子さんがある日突然、辞めてしまう。その後、街中でばったり会った問谷さんに理由を聞くと、「朝起き会では、霊界のことまで話してくれないでしょう」と告げられた。

それがきっかけで、夫と共に聞いたのが「統一原理」だった。学んで1年後、真の父母様のなさる世界摂理のため、そして64歳で心筋梗塞《こうそく》により亡くなってしまった義父の救いを願って、勇我さん夫妻は、手元にある財産を捧げた。

ジャルジンでの真の父母様と、勇我美智子さんと次男の俊文君

「あの献金を神様が覚えてくださったおかげで、教会に残ってこられたのではないかと思うのです」と美智子さん。

このように紹介すれば、勇我さん夫妻は、優等生の食口《シック》であるように受け取られるかもしれないが、自身は「『原理』がまだまだ分かっていなかったのですね。教会で献身的に歩むことはせず、働きに出ました。でも、それが良かったのです」と語る。

7年間、ヘルパーとして老人の世話をした。目の不自由な人、被害妄想の人、孤独な人など、いつも死と隣り合わせの人々に寄り添い、じっくりと彼らの話に耳を傾けることを通じて、次第に真のお父様のみ言《ことば》が心にしみ入ってきたという。

「起きなさい!」の声に難を逃れる

2007年、教育センターの所長となった美智子さんだが、翌2008年、漏電で自宅を全焼。美智子さんは熟睡していたにもかかわらず、「起きなさい!」という優しい声に目を覚まし、難を逃れた。「あれは確かに神様が起こしてくださったのだ」と信じている。家族全員の命が助かった。焼けてしまった家屋の中から『天聖経』を捜していると、「祝福家庭」と書かれた文字だけが焼けずに残っていたのである。

自宅が全焼したとき、焼け残った「祝福家庭」の文字

「そのとき、祝福家庭の見本となり、すべての人を祝福に導かなければいけないと思いました」と美智子さん。

だが、その思いとは裏腹に、また体調を崩して2年間、自律神経失調症と鬱《うつ》病となった。当時、人間関係に悩み、眠ることも食べることもできなくなったという。吉則さんが励まそうと、朝、一緒に散歩に出掛けても、「妻は目に留まった木々のどの木で首をくくろうかなと考えるような状態だった」という。

住む家が焼けて、家財道具も衣類も一切、失った。幸い、義母が火災保険に加入していた。そのお金の使い道を聞くと、「10分の1を献金して、残りは先祖の解怨、各種献金などに捧げました」。

「原理」を聞いて1年後、献金を捧げた時は、まだ自宅があった。だが、今回は自宅もなくなった中で、捧げた献金だった。その献金は、正に勇我家の信仰、精誠そのものであった。

その後、美智子さんは、再び教育センターの所長として、み旨を歩む中で、奇跡的に元の健康を取り戻すことができた。

２０１３年6月からはＣＩＧ復興団の一員として歩む中で、７人の新規ゲストを教会につなげることができた。

不思議なことがあった。統一原理セミナーに参加した2人の女性は、セミナーの終わりに入会願書を書いているとき、２人の生年月日と結婚前の姓が全く同じだということが判明。机に隣同士で座りながらお互いに驚いたという。

美智子さんはまた、河《ハ》弦杓《ヒョンヂン》教会長が「若者も伝道しないといけない」と企画した青年部主催の統一原理セミナーに、三男を導いた。夫婦で既に両親と長男、次男を伝道していたが、三男がまだ教会に来ていなかった。

家族で真のお母様とお会いする

その三男はセミナーに参加して「原理」に感動。しかし仕事が忙しくその後は勉強に来ることができずにいた。ただ美智子さんはどうしても三男と共に真のお父様の聖和1周年記念式典に参加したいと決意していたので、「一緒に参加してほしい」と息子に話した。すると、息子は「分かった」と言い、自分で5日間の休みを取って訪韓した。

清平《チョンピョン》に初めて行った三男は、満席の清心《チョンシム》平和ワールドセンターの光景や、外で寝なければならないくらい多くの人が押し寄せていた天宙清平修錬苑の様子を見て、文鮮明《ムンソンミョン》先生の偉大さを知ったという。清平での役事《やくじ》に参加する中で、体が非常に軽くなるなどの体験もあった。

北海道大会翌日（2013年10月15日）の訓読会で美智子さんが真のお母様の前で、このような証しをしたところ、証しが終わるや否や、真のお母様が「きょう、その息子は来ていますか?」とお聞きになった。

「来ていません」、そう美智子さんがお答えすると、お母様は「そうなの」ととても寂しそうなお顔をされた。美智子さんの心の中は、「申し訳ない」という強い気持ちでいっぱいになり、すぐに、三男に知らせた。

「分かった。神戸大会に参加するよ」と三男。

日本巡回大会の最後となる西日本大会（10月22日、神戸）には、吉則さんと三男も参加。美智子さんの証しのあと、家族が壇上に呼ばれて、お母様と一緒に記念撮影がなされた。

このとき、吉則さんは、2000年に訪問した北朝鮮の聖地、定州《チョンジュ》のお父様の生家を描いた油絵を礼物として奉呈させていただいた。

「息子は、大会に参加した後、もっと熱心に『原理』の勉強をして祝福も受けると言ってくれました。真のお母様の心情が息子にも伝わり、全人類の父母様であると少しずつ実感しているようです」と美智子さん。

夫の吉則さんは、妻のことを「明るく一本気な性格で、彼女がいれば、その周囲が温かくなる、まるで太陽のような存在ですね。絶対に人に対して怒ったりせず、立派です」と称賛する。すると、美智子さんは「主人は、私が病気などで大変なときも愚痴を言わず、

「日本宣教55周年記念大会・西日本大会」翌日の祝勝訓読会で、真のお母様と記念撮影をした勇我美智子さんと、夫の吉則さんと三男（2013年10月23日）

子供たちの世話をし、家を守ってくれました。訓読、敬拝の精誠も捧げてくれて、主人のほうこそ信仰があります」と、夫を称《たた》えた。

1998年、お父様からサウジアラビア宣教師に選ばれるも入国できず、その代わりに沖縄での伝道が願われた。このとき現地に赴き、1年3か月の期間、午前9時の訓読、出発式から始まり、午後11時までの伝道を全うしたのは、ただ一人、美智子さんだけだった。

その時、那覇市の国際通りのバス停で伝道したのが高校生の玉元辰樹君である。彼の信仰が守られるには親の理解が必要と痛感し、親も伝道。今では玉元君も両親も祝福を受けて活動している。

人が見ていようがいまいが、美智子さんは神のみ旨に誠実に歩んだ。自身が逆境のまっただ中にいるときでさえ、もっと苦しんでおられる天の父母様、真の父母様を思って、精誠を捧げることを忘れなかった。

霊の子女の数などでは美智子さん以上の祝福家庭も多くいるかもしれないが、美智子さんが真のお母様の前で証しをするようになった背景には、このような美智子さんの一途《いちず》な信仰路程があったからではないだろうか。

第3章

成約時代の清き供え物

１万回超えた原理講義・講話

森山操さん

幼い頃、父親は戦死。母親は彼女が小学生のときに再婚。生活が苦しく、時には他人の家の軒先や鶏小屋で休んだ日々もあった。多感な少女時代に難病に罹《かか》り、過酷な闘病生活を余儀なくされた。ヨブの如き試練を超えて、美しき信仰の人生を花咲かせた森山操さん。聖和《ソンファ》してもなお、後輩に勇気と希望を与え続けている。

森山操さんは、教会屈指の名講師である。

２０１４年2月16日、説教者として招かれた東京・台東教会での礼拝の冒頭で、こう話し掛けた。

「先日、沖縄で講演をしてきました。35年前の私のビデオを見た人が来られたのですが、その人は『森山先生でなく、森山先生のお母さんが来られた』と言うのです。困っちゃったわ」

礼拝堂がどっと笑いに包まれる。

「どうぞ、眠くなったら寝てください。我慢されなくて結構です。ときどき、我慢されて、目が白くなったり黒くなったりする人を見ると、こちらが怖くなるの。熟睡したとしても、来たときより帰るときが元気溌剌《はつらつ》になったら、礼拝は成功なのです」

食口《シック》に対する真心からの親しみを込めて軽妙な語り口で語り掛ける森山さん。その説教に寝入る人など一人もいない。２０１３年暮れに発行された『トゥデイズ・ワールドジャパン』に、臨死体験をして見てきた霊界について証した手記が掲載されると、全国各地から講演や説教の依頼が殺到した。

森山さんは毎週、火、木、土の3日間は透析を受ける生活だが、2月のそれ以外の日はすべて予定がいっぱいという。2月11日から13日までは、車いすで、天一国《てんいちこく》基元節1周年式典が開催される韓国・清平《チョンピョン》を訪問。英気を養ったという。

「私は東北生まれですが、東北の春は一斉に花が咲くのです。梅も桜も、水仙もハナミズキも……。その香りは霊界で体験したときの天国の香りなのですが、天正宮《チョンヂョングン》博物館で

台東教会で説教をする森山操さん（2014年2月16日）

も同じ香りを感じました。あそこは本当に特別な場所ですね」

夫の守さんをはじめ周囲の人たちのサポートを受けながら、み旨の最前線で熱心に歩む森山さんの半生は、正に奇跡と言える。その一端を紹介したい――。

難病と赤貧の生活

森山さんの人生は、病気を抜きに語ることはできない。自ら綴《つづ》った闘病記『死を乗り越えた生命でありたい』の最初に、彼女の病歴が列記されている。

○昭和33年　発病（17歳）。風邪のような症状、高熱（40度）、両足麻痺《まひ》、背中部重圧感。能代山本組合病院入院、ショイエルマン氏病、多発性関節リューマチ、脊髄炎《せきずい》と診断される。ギブスベッド、けん引、寝たきり生活3年、その間、気管にけいれん発作、呼吸麻痺を繰り返す。麻痺が手と顔に広がり、嚥下《えんげ》障害、経鼻《けいび》胃管を通しての特別流動食。言語障害。4年間入院し、リハビリテーションの生活の後、退院。車いす、松葉づえ、補装具（手と顔を除いて全身）使用。

○昭和38年　パラチフスの予防接種後、風邪併発、意識障害、秋田市総合病院入院、「脊髄炎、カリエス、筋無力症」と診断される。1年間入院。

○昭和39年　弘前《ひろさき》大学病院、大池内科、筋萎縮性側索《そくさく》硬化症。

○昭和40～41年　東北大学病院、葛西外科、多発性硬化症……。

その後も入退院を繰り返してきた。完治は難しく、長年、視野狭窄《きょうさく》、言葉のもつれ、手足の麻痺やしびれ、呼吸困難などに襲われてきた。

だが、彼女を襲った「不運」は病気だけではない。

父親が太平洋戦争で戦死したため、昭和16年（1941年）生まれの森山さんは父の思い出がない。頼りにしていた母は彼女が小学生のときに再婚してしまう。それでも幼い彼女は、「母はきっと帰って来る」と信じ、雨の日も雪の日も、母を駅まで迎えに行った。

左から小学校の先生、森山操さん、弟、育ての母の叔母

娘の願いもむなしく、母は帰って来なかった。「人間なんて信じられない」。少女の心はゆがんだ。

唯一の救いは、自分と弟を育ててくれた叔母の存在だった。忘れられない思い出がある。

小学校2年の頃、紙芝居が見たくて叔母の財布から毎日5円をこっそり取っていた。それは1年ほど続いたが、叔母から叱られることはなかった。

そんなある夜、お手洗いに起きると、叔母が仏壇の前に座って、自分の手を火ばしでたたいては泣きながら、こう言っているのが聞こえてきた。

「操ちゃんは、心はいい子なんだ。ただ5円取るこの手が悪いんだ」

彼女は「お母さん、ごめんなさい。操はもう二度と5円取らないから」と泣いて叔母にすがりついた。それが「お母さん」と呼ぶことのできた最初だった。

だが、生活は赤貧洗うが如《ごと》しの日々だった。住む場所にも難渋した。ある人は、彼女たちを「貧乏神」とののしり、塩をまいたり水をまいたりして追い出した。時には、他人の鶏小屋や、人の家の軒下に寝なければならない日々もあった。そんな時でも、叔母は幼い子供たちに悲しい思いをさせまいと、必死に努力したという。「きょうは、森の音楽隊の話をしたいから、鶏小屋に寝よう」、「きょうは、お星様の話をしたいから、軒下に寝よう」と――。

父母との離別、身を切られるほどの辛酸《しんさん》、周囲の人々の突き刺すような冷たいまなざし。住むことも食べることも苦労した彼女の心の悲鳴が、その後の病気の発症につながったと見ても何ら不思議ではない。

やがて森山さんが「余命半年」の宣告を受けると、叔母は、治療のためにあちこちからお金を借りまくった。結局、返すことができず詐欺罪で訴えられ、刑務所生活を送るようになってしまった。

まるで、ヨブのように、森山さんは生命以外のすべてを奪われたのである。

それでも彼女は、他の人より4年遅れて昭和38年（1963年）に秋田大学に入学。車いす、松葉づえ、さらに体を支える補装具を身に着けて学校に通った。食事は友が咀嚼《そしゃく》し口移しで与えてくれ、おむつの世話もしてくれた。

『原理講論』と聖書を独力で研究

高校時代から夜間の神学校に通い、人生の意味を尋ね求め、大学卒業の春に、「統一原理」に出合った。自身が学んでいたキリスト教とあまりに違い、すぐには教会を訪ねなかったという。

「ただ、何か気になっていて、当時発行されたばかりの『原理講論』と聖書を独力で半年間、研究して『もしかしたら、これが本物かもしれない』と思いました。

厚木修練所（神奈川県）での14日間の研修会に参加し、こういうものの見方があれば、人の目から涙が拭えて世界平和が実現できる。特にサタンの正体が分かり、すべてを根本的に解決できると知り、感動しました」

体は不自由だったが、献身的に歩みたいと申し出た。最初の仕事は、パン屋で耳パン（パ

大学の友人たちとともに

ンの耳）をもらうことだった。

「耳パン下さい！」

「何に食べさせるの？」

「豚です」

「たくさんあげましょう」

パン屋の人はそう言って、長靴で耳パンを大きな袋に押し込んでくれたという。

だが、松葉づえの生活では、ほかの兄弟のように自由に外で活動できない。森山さんは考えた末に、ほかの兄弟が教会に連れてきた伝道対象者のために原理講義をしようと決断した。

「それは本当に必死でした。まだ松葉づえの生活で、言葉もラ行とパ行がうまく発音できませんでした。そんな私が講義をしようというのです。

私自身が伝道した人ならば、私の責任で来なくなっても仕方ありません。でも、ほかの方が導いてきた人の霊的生命ですから。

しかし、ここにこそ真の道があると信じていましたから、自分で講義案を作成し、毎日１２０杯の水行をして講義に臨んだのです」

脳の手術をしていたため時々、講義中でも発作が起きて、１、２週間入院したこともあった。だが、その間に森山さんは講義案を整理し、退院すると再び講義を再開した。

「懸命」とは、命を懸けると書く。彼女の原理講義は正に命を懸けたものだった。

先日、森山さんに質問してみた。

――どんな心境で、ゲストに向かわれたのですか？

「一人のゲストを、全人類と思って講義しました」

――それは誰かから指導された内容ですか？

「違います。私自身が心からそう思って取り組んだのです」

目の前の、この一人のゲストの霊的生命を救うことが人類の救済につながるという覚悟で、総序から再臨論までの原理講義を、40回をやり終えたとき、自身の体に変化が起きた。

「それまで歩行などにどうしても補装具が必要だったのに、それを外して立つことができるようになったのです。数理的蕩減条件というのは本当ですね。その後、車いすも松葉づえも不要になったのです」

講義を続けた森山さんにみ言《ことば》が、気力を与え、生命を活性化させ、病を治したというのだ。み言を聞いて約2年が過ぎていた。

「これまで大変だったね」

真のお父様に初めて森山さんがお会いしたのは、40回の原理講義を終えて約2か月後に韓国を訪れた、昭和46年（1971年）のことだったという。

「あの頃は、まだ再臨主とか真のお父様ではなく、皆さん『大先生』とお父様をお呼びしていました。

クリスチャンだった私には金色の雲に乗ってこられた神々《こうごう》しい方というイメージがどうしても拭えない。ところが、目の前に現れたのは、アロハシャツを着た不動産業者のような方――。

普通、偉い方は、ゆっくりお話しになるものです。ところが、大先生は口が速い。スリッパを上げたり、叫んだり……。膀胱《ぼうこう》を強くする話をされたときなどは、『大丈夫かな、この人は』と心配になり、その夜は眠れませんでした」

翌朝5時過ぎ、目が覚めてトイレに立った。歩けるようになっていたので、パジャマ姿でトイレに向かう途中、こちらに向かってこられるお父様に気づき、廊下の端で直立不動で待機。すれ違いざま、お父様は森山さんに向かって、こう語られた。

「これまで大変だったね。でも、これからは大丈夫だよ」

その言葉を聞いた瞬間、森山さんは滂沱《ぼうだ》の涙を流した。

あまりにも過酷で思い出したくもない幼少時代や長かった闘病生活のことは、教会に来てからも誰にも話してこなかった。話せなかったのである。

「ところが、真の親ならば、子供がいちいち口にしなくても、子供の事情、心情はみな、ご存じなのです。実際、お父様のみ言どおり、その後の私の人生は大きく転換していくわけですから」

象徴的な「事件」は、1975年2月8日の1800双の祝福式である。神様の願いが祝福（結婚）であることを思えば、自分も受けなければならないが、不自由な体の自分が果たして祝福を受けられるのか。

金成《かなり》治子ママ、小山田秀生《ひでお》先生に聞いてみた。すると、「あなた一人が祝福を受けられずとも、その祝いのむしろに喜んで参列できますか?」と聞かれた。「はい」と森山さん。

幸い、お父様から、マッチングのとき一人の男性を紹介された。森山さんは、その場で男性に尋ねた。

「私は体が悪く、赤ちゃんが生めないかもしれません。あなたにおいしいお食事を作れないかもしれません。それでもいいですか?」

夫の守さんと共に

男性は、森山さんを見つめて答えた。

「あなたを、神様からの最高のプレゼントとして受け取ります」

こんなに素晴らしい信仰的な男性を神様が与えてくださるなんて! 森山さんは、天にも昇る気持ちだった。

「ありがとうございます! それでは一緒に、40分の感謝祈祷を捧げましょう」と言う彼女に、男性は困った表情を見せて、「祈祷は苦手なんです。4分でどうでしょう?」。

夫となる守さんは、その後、家庭を出発するまで、「おいしいものを食べてください」と毎月1万円と、彼女の健康のために高麗人参茶を送り続けた。家庭出発後は、買い物から朝夕の食事、自分の弁当を準備。脊髄の手術をして歩けないときは背負い、最近、森山さんが1年半の入院生活をしたときは、毎日、仕事帰りにフルーツなどを必ず持参して、見舞いを欠かさなかった。

守さんは、「神様が与えてくださった最高のプレゼント」である妻に、精誠を捧げ続けたのである。

1万回を超えた原理講義と講演会

守さんの〝内助の功〟もあり、森山さんがこれまで行った原理講義と、対外的な教育講演などを合わせると、既に1万回を超えたという。

健康な人でもなかなかできるものではない。

「体調がすぐれないときは、病院から講演をしに出掛けて、帰ってきてはまた点滴を受ける、そんなときもありましたね」

真のお父様は、森山さんが祝福を受けた際、小山田秀生先生にこう語られた。

「この子の信仰が、この子を救った。この子は、この夫をもってしか延命できない」と。

若き日に、医師から、「余命半年」と宣告された森山さん。その命の危機から、真の父母様のみ言と愛で救われたという、揺るぎない確信と感謝がある。

妻、操さんの壮絶な闘病生活をそばで見ていた夫の守さんは、「どうしてこんな無茶なことをするのだろうか。こんな体になっているのに、行かなければならないのだろうか。もう少し休めばいいじゃないか」といつも考えていたという。その疑問に対して、操さんはこう答えたという。

「現場に行くと、働くことや活動に疲れた人が大勢いるの。私が頑張って、その疲れた魂を慰めれば、私も一緒に共鳴して愛をもらえる。そうして元気になることができるのよ。大丈夫。皆が待っているのだから行かせて。元気に帰ってくればいいんでしょう」

こう言って出掛け、帰宅した操さんはとても活き活きしていた。それゆえ、守さんは何も言えず、ただ「行ってらっしゃい」と手を振って送り出すだけだったというのだ。

森山さんは２０１４年春、筆者のインタビューに応えて、こう語っていた。

「今、1万回の講演を超えましたが、2020年までに、1万2000回を達成したい。そして、少しでも基元節からの基盤を築く。これが私の使命だと思います」

実は2020年までの6年間、毎日講演しても2190回。1万2000回を達成するのはとうてい不可能に近い業だが、森山さんはそれほどの強い意欲を持っていたのである。

そんな森山さんの体を癌《がん》が蝕《むしば》んでいた。2014年の暮れに発見したときはすでに遅く、全身に転移していたという。

2015年4月に入ると、森山さんはもう食事を取ることもできず、痛みで眠ることすらままならない状態だった。深夜、守さんはベッドの上で何時間も苦しんでいる妻の肩をもんだり、脚をさすったりしてあげた。その時に交わした夫婦の会話を、守さんが聖和式《ソンファ》でこう披露している。

操「パパよりも1日長く生きてあげるからね」

守「でも、私の寿命はあと12年だけど、大丈夫なの？」

操「そんなには生きられないかもしれない。3年にまけてください」

守「3年じゃあな。今70歳だからもうちょっと生かしてくれよ」

親しい友人、知人らが見守る中、操さんは静かに息を引き取った。こうして波瀾《はらん》万丈の森山操さんの地上における74年の生涯が幕を閉じたのであった。

古田恭子《きょうこ》さんは聖和式の送辞で、満身創痍《そうい》の体で生き抜いた森山さんの生涯を振り返り、次のように述べた。

「その苦労の中の一つでも誰かが受け持ったとしたら、生きていくことも難しいと思えるような課題を、（森山操）先生は山ほど抱えておられました。それでも、先生はいつも笑顔で、誰も憎まず、恨まず、すべての苦労を甘受しておられるようでした。ですから、不自由なお体で生きておられること自体が、既に蕩減条件を立てているかのように思えました。断食をしたり、水ごりをしたりして体をわざわざ打たなくても、息をして生きているだけで蕩減条件を立てているのではないかと思えたのです。そのような壮絶な生き方にサタンは驚いて去り、神は全力で協助するのではないかと思えました」

生前の森山さんを知る人は誰もが確信している。あの晴れ晴れとした人懐っこい笑顔とユーモアをもって、霊界で森山操さんは語り続けているであろう、と。

悪辣《あくらつ》な強制改宗に一矢報いる

後藤徹さん

後藤徹さんは両親や親族から、世界平和統一家庭連合（旧世界基督教統一神霊協会）の信仰を棄てさせるために31歳から44歳までの12年5か月間もの長期にわたって監禁され、集団で精神的・肉体的に虐待された。連日、耐え難い誹謗《ひぼう》中傷を浴びせられながらも、信仰の情熱、真の父母様への忠誠を守ることができたのは、み言《ことば》の力だったと彼は明言する。

２０１４年1月28日。この日、東京は最高気温14度という暖かさだったが、東京地裁7０９号法廷は、さらに熱気を帯びていた。

午後３時、教会からの脱会を強要された後藤徹さん（当時50歳）が親族および職業的改宗活動家らを相手に起こしていた民事訴訟裁判の判決が下される。後藤さんは、１９９５

年9月から2008年2月までの12年5か月間、新潟および都内の合計3か所のマンションに拉致監禁された。

40数枚の傍聴券を確保しようと並んだのは170人余り。運良く法廷に入ることができた人の中には、アメリカから駆けつけた拉致被害者のアントール美津子さんや、裁判を応援してきたオーストラリア在住のヨシさんをはじめ、国内からも飛行機や新幹線で来た人たちの姿があった。

拉致監禁被害者は44年間で約4300人

信者に対する拉致監禁被害者は最初に起きた1966年から44年間で約4300人。約7割のメンバーが離教に追い込まれた悲しい歴史がある。被害者が裁判を起こすようになってからは減少傾向にあるものの、残念ながら、この年の正月にも事件は起きている。

後藤徹さんは、自身の身に起きたあまりに非人道的な行為の違法性を明らかにし、損害賠償という形で償ってもらうとともに、痛ましい拉致監禁事件に終止符を打つという大きな願いを胸に秘めて闘ってきた。

これまで、拉致被害者が、監禁に加担した家族や牧師を訴えて違法性が認められたケースは、わずかに2件。刑事事件として起訴されたケースは、1件もない。後藤徹さんも解放直後、刑事告訴したが、「嫌疑不十分」として不起訴となった。これに対して、検察審査会に不服申し立てをしたが、認められなかった。民事裁判は、後藤さんの主張の正当性を認めてもらうための法的な最後の手段であった。

12年5か月という異常なまでに長い期間、成人男性の身を拘束しておきながら、司法が「お咎《とが》めなし」ということはないだろう――後藤さんをはじめ支援者は、このような思いで裁判の推移を見詰めてきた。しかし万が一、後藤さんの訴えが棄却されたらどうなるのか。拉致監禁加担者はますます、白昼堂々と信者の拉致を実行するに違いない。それは、正に悪夢である。

一方、被告である、後藤さんの親族や牧師、弁護士は、「社会的に評判の悪い教会から救出して何が悪い。自分たちこそ社会正義である」という認識を共通して持っていたに違いない。そうでなければ、自分たちの使命が人権救済であると心底、理解している弁護士である以上、被告の側ではなく、原告・後藤徹さんの側に座るのが道理であろう。

かくして傍聴席には、共に「負けられない」という原告、被告双方の支援者が詰めかけ、裁判長が判決を言い渡すのを、固唾《かたず》を呑《の》んで見守った。

相澤哲裁判長は午後2時57分に入廷。室内の時計が3時になるのを待って、一気に判決の主文を早口で読み上げげた。

原告の後藤さんは、元信者でもある兄、兄嫁、妹、そして宮村峻《たかし》（職業的改宗活動家）、松永堡智《やすとも》（日本同盟基督教団牧師）および日本同盟基督教団を相手に、慰謝料、逸失利益、および治療費等、総額2億1611万円の損害賠償を求めていた。だが、相澤裁判長は後藤さんの兄、兄嫁、妹の3人の被告に対して、連帯して483万9110円を支払うように命じた。また被告・宮村峻に対しては、このうちの96万7822円を被告親族等と連帯して支払うよう命じたのである。

同裁判長は「親族らは長期間、男性の自由を大きく制約した」と認定。「（被告が）男性を心配していたことを踏まえても、社会通念上の限度を逸脱している」とした。

刑事事件で不起訴、検察審査会で不起訴相当と判断され、認められなかった後藤さんの主張が、ようやく司法の場で認められ、勝訴した瞬間だった。

拉致監禁が司法で認められた

真の父母様と後藤徹さん（2009年11月23日、韓国、天正宮博物館）

裁判所前には、後藤さんの支援者が判決結果を聞こうと待ち構えていた。そこに到着した後藤さんが「私の兄弟らと宮村に対して、責任を裁判所が認め勝訴しました。ありがとうございました！」とマイクを持って報告すると、支援者から大きな拍手が起きた。後藤さんは拍手を浴びながら、直前まで自身を襲っていた緊張から徐々に解放されたのか、穏やかで平安な表情を取り戻していた――。

拉致問題について、その悲惨な実態を『我らの不快な隣人』などの著書で問題提起してきたルポライター、米本和広氏は島根から駆け付けた。拉致監禁による強制改宗の後遺症に苦しみながら48歳の若さで亡くなった宿谷《しゅくや》麻子さんの墓参りを済ませて裁判所に来たという。

彼は、「拉致監禁裁判で諸悪の根源である宮村峻の責任が問われたのは画期的。勝訴は拉致監禁を根絶するためにも決定的な判決だった」と高く評価した。

判決を踏まえてこの日、午後5時から司法記者クラブ（東京・霞が関）で記者会見が開かれた。

冒頭、福本修也《のぶや》弁護士が事件の経緯と判決のポイントを説明。損害賠償の内訳は、後藤さんの精神的苦痛が大きい、として慰謝料400万円が大半を占め、残りは治療費約34万円、弁護士費用50万円。損害賠償の多くを占める逸失利益（本人が12年5か月の間、拘束されずに働いていたら得たであろう賃金）については、後藤さんが教会の仕事をしており、無収入であったとして、全く認められなかった点は納得できないとした。

そのうえで福本弁護士は、1000件以上に及ぶ拉致監禁事件に関与したとされる宮村峻被告に言及し、「彼の責任を認めた司法の判断というものは、これまでありませんでした。それが今回、宮村の責任をはっきり認めたというのは、大きな一歩であると思っております」と評価。一方で、監禁に関与したキリスト教牧師、松永堡智牧師の責任を認めなかったことは、「不当だ」と断言し、「非常に残念」と述べた。

続いて、後藤さんがマイクを握った。

「人生これから花開くという時に突然監禁され、31歳から44歳まで一切の自由を奪われました。『この日本で、まさかこんなことがあり得るのか、信じられない』という反応をされる中での民事裁判の３年間の闘いでありました。

私は、思い出したくない当時の出来事を思い出さなければならず、それは非常につらい、厳しい闘いでありました。今回、被告でありました松永堡智牧師は、残念ながら責任は認められませんでしたが、宮村峻は責任を問われました。

私と同じように、玄関も窓も施錠され、逃げようとすれば暴力的に押さえ込まれる、そのような中で『死んでしまいたい』と思うまでに追い詰められ、苦しんできた多くの信徒たちがいます。家族の背後にあって宮村は指導し、監禁下で、（宮村から）『バカ、アホ。おまえはマインドコントロールされていることが、まだ分からないのか』とあらゆる悪口で罵倒され、脱会して信仰が破壊されるまで、残酷な仕打ちを執拗《しつよう》に受けてきました。宮村の責任がきょう、問われたという一点において、みんな涙を流して喜んでいると思います。今も激励のメールが、私に多く届いております。

全体から見れば、宮村の問われた責任は小さなものではありますが、ただ宮村の責任が問われたことは、良かったと一定の評価をしております。……

きょうの勝訴判決を契機として、信教の自由と人権が保障されている日本において、最低限、日々拉致監禁におびえないで信仰を持つことができるようになってほしい。拉致監禁が撲滅される一助になってほしいと心から願っております」

続いて、鴨野守・世界平和統一家庭連合（旧世界基督教統一神霊協会）広報局長（筆者）は、「これまでの4300件の拉致監禁被害者の中には、監禁中に自殺した人もいるし、レイプされた女性もいます。また6階のマンションから逃げようとして落下し、記憶喪失になった人もいる。そういう人たちの長きにわたった無念の一端を晴らした判決だった。だが、まだまだ我々の主張が十分認められていないことは残念だ」と語った。

会見の席上に共同通信の記者がおり、記事を全国の加盟各社に配信。翌日、朝日新聞、産経新聞、世界日報、東京スポーツなど17の新聞に掲載された。

その後、2014年11月13日に下された高裁判決では、松永堡智牧師を含めた5人の被告全員の不法行為と責任が認められ、さらに賠償金額も一審判決を大きく上回る総額2200万円の支払いが命じられた。事実関係においては、「完全勝訴」を勝ち取ったのである。

勝訴判決を受けて、集った支援者に挨拶する後藤徹さん
（2014年１月28日）

12年5か月にわたる監禁

後藤徹さんが１９９５年9月11日、２度目の監禁をされたのが31歳のとき。最初の監禁から逃れて8年目のことだ。元教会員でもあった兄と妹は共に宮村によって脱会し、今度は後藤さんを脱会させる側に回っていた。

後藤さんは、新潟のマンションで約１年10か月、東京の１か所目のマンションで約６か月、東京の２か所目のマンションで約10年間監禁され、新潟のマンションには松永牧師が来て脱会説得を行い、また、東京の２か所目のマンションには宮村が来て脱会強要を行ったと主張。

一方、親族らは、原告の同意を得て場所を

移して話し合っただけで、拉致監禁・脱会強要はしていないと主張し、松永牧師や宮村は、拉致監禁に向けた指導、および脱会強要を否定してきた。

監禁中、後藤さんは幾度も脱出を試みたが、親族らによって取り押さえられた。インフルエンザにかかって高熱を出したときも、病院に行くことさえ許されなかった。

長期の監禁から一生、解放されないのではないかと強い不安を感じた後藤さんは、21日間、21日間、30日間と3度にわたってハンガーストライキを敢行。ところが、これに業を煮やした兄夫婦らは、後藤さんに流動食しか与えず、餓死寸前にまで追い込んだ。ようやく食事が出されるようになっても、親族らは粗末な食事しか与えない〝食事制裁〟を実施。後藤さんは、家族の目を盗み、流し台のコーナーの残飯や炊飯前の生米を口にして飢えをしのいだ。

2008年2月10日に解放された際、後藤さんの体はやせ細り、極度の栄養失調に陥っており、緊急入院せざるを得ない状況だった。

解放時、ボロボロのセーターを着たままで放り出され、証拠品一つ手元になかった後藤さんだったが、関係者の協力を得て執念を持って裁判に取り組む中で、松永牧師が作成した拉致監禁の指導マニュアルや指導ビデオ、また宮村の拉致監禁・脱会強要活動の裏側を知る伊藤芳朗弁護士の陳述書など、被告側主張の虚偽を暴露する数々の証拠を法廷に提出し、被告らの共謀による拉致監禁・脱会強要の事実を訴えてきた。

12年5か月の監禁が、先進国日本において行われたと聞いて、欧米の人権活動家はにわかには信じられず、「中国で起きたことか？」と問い、日本だと言えば、「昔の話であって現代日本ではないだろう」と言ってきた。それが最近の事件であると承知すると、著名なキリスト教牧師も、人権活動家も、後藤徹さんの岩窟王のごとき不屈の信念と、篤《あつ》い信仰に対して、最大限の言葉で称賛し、敬意を表したのだった。

真のお父様のみ言で耐えることができた

天の摂理からすれば、後藤徹という一人の食口《シック》を通じて、拉致監禁の非道性を全世界に伝えるとともに、併せて、彼の精神的な支えとなった真の父母様の偉大性をも、世界の心ある人々に伝えようとする戦術なのであろうか。

それにしても、愛する家族から強制的に拉致監禁されて、長期間、会いたくもない改宗屋や牧師と面談させられ、聞きたくもない教会や真のご家庭への誹謗《ひぼう》中傷を浴びせられる中で、彼はどのようにして信仰の情熱、真の父母様への忠誠を守ったのだろうか。

後藤さんは、次のように語った。

「私が耐えることができた最大の理由は、真のお父様のみ言の力があったからです。真のお父様ほど生涯において多くの迫害を受けてきた宗教家も、希《まれ》でしょう。その経験も踏まえて語られたみ言には、迫害に関するものが数多くあります。

私は、1回目の監禁から解放されたあと、再び拉致監禁される可能性を考えて、迫害に関するみ言を熱心に学習しました。さらに、監禁下でみ言に自由に触れることができない状況を想定し、そのみ言を丸暗記して備えました」

「例えば、どんなみ言ですか」と尋ねると、彼はすらすらとそらんじてみせた。

「歴史上から見て、善人たちは常に打たれてきました。聖人たちも常に打たれてきました。ただそれだけを見ると、彼らはみな負けたような姿でありました。しかし、彼らは決して負けたのではありません。彼らは必ず最後の勝利を勝ち取るようになっているのです。これが天の戦法です。イエス様もそのような戦法を取られたのです。それゆえに、我々の歩む道は決して平坦《へいたん》ではありません。苦痛と受難があふれている道を我々は歩いていくのです。平坦な道を歩もうとする者——そういう人は、天に対しては反逆者であると考えて間

違いありません」（「生涯において何をなすべきか」１９７０年9月27日）

拉致監禁という過酷な環境の中にあっても、心に刻んだみ言が、彼の霊的な生命を保護したという。後藤さんは、こう続けた。

「さらに、特に苦しいときには真のお父様の生涯路程を思い起こす努力をしました。お父様は冤罪《えんざい》で投獄され、拷問など地獄のような境遇の中でも自分のことよりもまず神様に思いを馳《は》せ、神様を慰めていかれました。その結果、お父様は絶体絶命の厳しい環境の中でも神によって守られ、幾度も奇跡の生還を果たしてこられました。私は監禁中、苦しいときほど、このお父様の心情姿勢を手本にしようと努めました。

精神的にも肉体的にも本当につらく、もう限界だというときには、あえて自分のことよりも、私を見詰め、私以上に苦しんでおられるであろう神様のことを思い、『神様、どうぞ見ていてください。私はどんな難しい状況でも、決してあなたを裏切りません。必ず信仰を全うして生還いたします。どうぞそこで見ていてください』と神様を慰める祈りを捧げました。

すると、心がぽっと温かくなり、次第に全身が熱くなり、涙が流れてきました。まるで、神様が『愛する息子よ！』と泣きながら私の霊人体を抱き締めてくださっている、そのような体験を幾度もしました。

そうすると、連日監禁下で取り囲まれて悪口を言われ、中傷、罵倒されることによってズタズタになった私の心の傷が癒やされると同時に、霊的なパワーが私の霊人体に注ぎ込まれるのを感じました。

私はこの神様からの力により、いつ終わるともしれない監禁下での闘いに倒れることなく、耐え忍ぶことができたのです」

監禁下にあっても、解放後の法廷闘争にあっても、後藤さんの天に捧げる精誠は不変である。そうである限り、天の父母様（神様）と真の父母様は後藤さんを守り導き、彼の進む道を祝福なさるであろう。

真の父母様の愛と真実訴え、ハレルヤ大行進

町田松夫さん

真のお父様の真実を日本国民に訴えたいと、徒歩による3600キロに及ぶ日本縦断の第一歩を踏み出したのは1998年の早春だった。宿泊は原則、野宿。睡眠時間は3時間、夕食は3日に1度だけ。1日50～60キロ歩くという厳しい条件を自らに課した。やがて、韓国縦断、アメリカ横断を通じて、彼の訴えは世界に広がっていった——。

「真のお父様の誤解を解いてさしあげたい」

胸の内から突き上げてくる激しいまでの衝動に駆られて、町田松夫さん（1800双、当時48歳）が長野駅東口で家族の見送りを受けながら日本縦断の第一歩を踏み出したのは、1998年3月4日午前7時。暦の上では春とはいえ、まだ寒さが肌に刺すような冷たい

時期だった。

神の声を聞く

縦断の距離は3600キロ。そのための徒歩の訓練は前年の5月から始めた。だが、初めは「なんて馬鹿なことをするんだ。そんな無駄な苦労などやめて、家でテレビでも見ていたほうがよっぽど楽だぞ」という心のつぶやきもあったという。

確かに、家庭を守る一家の大黒柱が仕事を辞めて、3か月余り全国を歩き回れば、途端に収入はなくなり、持ち出しが増えるだけ。しかも、宿泊は原則、野宿と決めていた。万が一、トラブルにでも巻き込まれたら「無謀な計画だった」と非難を浴びるのは必至――。だが、町田さんは行進を始める1年前、「徒歩による日本縦断」という声を確かに聞いた。あれは、神の声に違いない、と。その確信が、町田さんにはあった。

その後、徒歩の練習をしている途中、ふいに「これから、その足で直江津（新潟県）に向かいなさい」という声が聞こえてきた。町田さんは一瞬、絶句した。当時、妻は海外にボランティア活動に出掛けており、不在だ。

「家にいる老いた母と小・中学生の息子たちの夕食を作らなければなりません」

そう、心でつぶやいてみたが、神の返事はない。さて、どうすればよいのか。しばし、激しい葛藤があった。が、彼は意を決して直江津に向かった。野宿をして、直江津の海岸に到着したのは、翌日の正午だった——。

「あの日の決断も、全国縦断の大事なステップだったのかもしれない、と後に町田さんは捉えている。この直江津行きを契機に、翌週から小諸、群馬県高崎などへ足を伸ばして、徐々に自信をつけていったのだから。

　年が明けた1998年。元日から40日間、市内を一望できる小丸山公園での旧聖地祈祷を自らに課し、リュックを背負って往復3時間の道のりを歩いた。そのリュックに、万感の思いを込めた垂れ幕をかざした。

英語と韓国語の垂れ幕を手にする町田松夫・礼子さん夫妻

「誤解と迫害の王者、文鮮明《ムンソンミョン》師万歳。徒歩による日本縦断。長野市を真の愛で蘇《よみがえ》らせる市民の会」

聖地で町田さんは、深刻な祈りを神に捧げた。

「天のお父様。生きて再びこの地を踏めるか分かりませんが、どうか文鮮明先生に着せられた汚名を拭ってさしあげる、その一助となるならば、この途方もない旅路の果てに倒れて死んでもかまいません。この民族のために貴い血と汗と涙を流され、怨讐《おんしゅう》を愛してくださった文鮮明先生の真のお姿をこの手とこの足で、この命を懸けてミスリードしたマスコミに挑戦する覚悟です。どうぞ、すべてを導いてください」

過酷な路程

このような内外の準備を整えてスタートした全国縦断であったが、実際に歩き始めると、予想外のアクシデントが相次いだ。1日平均50〜60キロのペースで歩いて、歩行に異変を感じたのが三重県四日市市でのこと。思うようなペースで全く歩けなくなったのだ。原因は2つ。リュックに入れた荷物が重く、さらに登山用の固い靴のせいで足が悲鳴を上げた。

靴を脱ぐと、右足の小指にできていた足のまめが潰《つぶ》れて化膿《かのう》していた。

心の動揺は隠し切れなかった。

「こんな足で、これから先、途方もない道程を歩くことができるのか。日本縦断などと大ぼらを吹いてきたが、所詮、おまえなど弱い人間じゃないか。何もこんな苦しみを背負うことはない。さっさと中断して、家族の元に帰ってやれ」

「いや、帰れない。もう故郷には帰れない。神の前に誓って出発した男が、おめおめ帰れない」

「ならば、自殺しろ。男なら潔く」

激しく襲い来る重圧に苦悩し、極度の疲労の中でいつしか町田さんは寝入っていた。

――小鳥のさえずりで、目覚めた。ずいぶんと長い時間、寝てしまったが、足元を見ると少し回復しているではないか。その後、余計な荷物は処分し、健康サンダルやズックなどを買い求めて再び歩き始めた。

その時、「松夫、頑張れ！」と、背後から亡くなった母の声を感じたという。

町田さんはこの間、３時間の睡眠と食事制限とを自らに課した。すなわち、スタートからの21日間は、朝食はミルク１杯、夕食は３日に１度だけ。40日後からは、１日３食にするというものだ。そのような中で1日13時間、50～60キロを歩き続けたのである。

「うまいものを食べて、快適な宿でたっぷり寝て、それで日本縦断したとしても天も人も感動しないのではないでしょうか。第1次日本縦断の精神的支柱は、生きて出られないと言われた興南《フンナム》収容所で、周囲の囚人に自らの食事を分け与え、愛と希望で生き抜いたお姿をお手本にして、少しでも近づこうとしました」

途中、雨や雪に降られて寒さに震えた。警察官の職務質問もあちこちで受けた。だが、パトカーの拡声器で、「頑張って！」と声援を受けたこともあれば、のちに「立場上、カンパはできないが……」と言いながら、缶入りのお茶を差し入れしてくれた刑事もいた。一日歩き切って疲れきった彼の体を、美しい夕焼けや満天の夜空に輝く星座が慰めた。そして、忘れられないのは全国各地で出会った食口《シック》たちの温かな思いやりであった。

神様が一緒に歩いてくださっている

長崎でのことである。実家のほうで長男の高校入学や引っ越しなどで出費がかさみ、所持金も底を突《つ》いてしまった。町田さんは、駅前でカンパを呼び掛けるが、2時間叫んでも

米国大陸徒歩横断勝利を祝う記念式がもたれた

1円も入らなかった。

そんな彼の姿を夕方、ある食口が見つけた。前日、平和公園のトイレで休んだと知った食口は、「今夜は、私の家で泊まってください」と言ってくれた。町田さんはその申し出に喜んだ。その時の様子を、町田さんは次のように記録している。

「玄関の戸を開けると奥さんと2人の女の子が、私を笑顔で迎えてくれた。2人の女の子は愛嬌《あいきょう》よく私に話し掛けてきた。リュックのカンパ箱を見て何やら話しているうちに奥さんが1万円をカンパ箱に入れてくれた。それを見ると2人の女の子も『わたしもする』と言って、それぞれ1000円札を中に入れた。それを見た私は胸の中に熱いものが込み上げてくるのを覚え、内心、『天のお父様！』と叫んでいた」

その日の午後、長崎駅頭でカンパした時は一銭も入らなかった。でも神様はそれを覚えてくれていて、慰めてくれたのだと心から思えたという。そして、その夜は3日に1度の夕食を取れる日に重なったことも彼の心を一層、喜ばせた。

沖縄・那覇市内でも、食口が相次いでまとまったカンパをしてくれた。その時、町田さんは「神様はいつも私の懐具合をお見通しなんだと思った」という。その神様が、いつも身近にいて一緒に歩いてくださっているように感じて、足取りが軽くなった、とも。

食べ物や飲み物、激励のメッセージカード、高麗人参エキスや、温かな布団の寝床……見ず知らずの人々や食口の差し出す真心の背後で働かれる神様の眼差《まなざ》しを覚えて、幾度も町田さんは感謝と喜びの涙を流したのだった。

その一方で、狭いトンネルの中を、大型トラックの轟音《ごう》と風圧の中で、狭い路肩をハラハラしながら歩き抜ける場面が何度もあった。あるときは、真っ暗な闇の中で足を踏み外して、あわや遭難という危機に直面したこともあった。

ゴールと定めた東京・国会議事堂に到着したのは出発から74日目。風香る5月を迎えていた。統一旗を誇らしく高らかに掲げて町田さんは、国会議事堂を7周した。

最後に、国会議事堂正面に向かい、頭を下げた。次に、顔を上げると同時に、天に向かって高らかに叫んだ。

「アボジ、マンセー！　チャンプモニム、マンセー！　トンギルキョーへー、マンセー！　市民の会、マンセー！」

命懸けの「ハレルヤ大行進」

町田さんの命懸けの「ハレルヤ大行進」は、これが終わりではなく、始まりとなった。日本国内だけでなく、韓国、アメリカにも渡った。その軌跡は、次のようなものである。括弧《かっこ》内は、町田さんが掲げた垂れ幕の文言。

１９９８年3月4日～81日間。第１次日本縦断　３６００キロ
「誤解と迫害の王者、文鮮明師万歳」
２０００年7月7日～86日間。第２次日本縦断　４０００キロ
「人類の真の父母、文鮮明師万歳」

２００１年７月１日～９日間。東海道　４００キロ（名古屋駅―国会議事堂）
同年秋　６日間。酒田―直江津　３００キロ
「アメリカよ　汝《なんじ》の敵を愛せ」
２００２年４月１日～14日間。第１次韓半島縦断　６７０キロ
「人類の真の父母　文鮮明師万歳」
２００３年７月１日～７日間。直江津―国会議事堂　３００キロ（米大陸横断のリハーサル）
「平和の王、永遠の父、文鮮明師万歳」
２００４年６月１日～98日間。米大陸横断　５０００キロ（サンフランシスコ―ワシントン―ダンベリー）
「平和の王、永遠の父、文鮮明師万歳」
２００５年７月20日～40日間。北東京　４３０キロ
ハレルヤ大行進（夏季40日特別伝道）
「文鮮明師は無実」
２００６年６月１日～13日間。第２次韓半島縦断

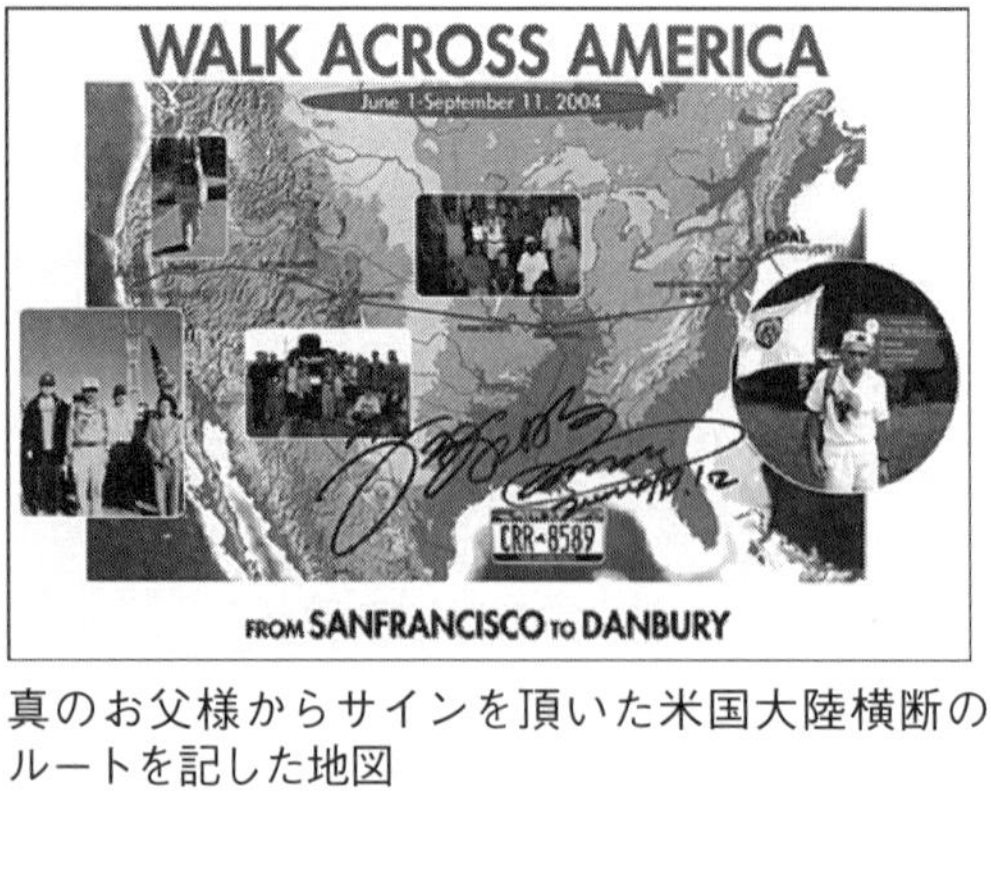

真のお父様からサインを頂いた米国大陸横断のルートを記した地図

530キロ（釜山《プサン》―天正宮博物館）

「天宙平和の王、文鮮明師万歳」

2007年　日時不詳　長野―日光―国会議事堂　300キロ（入国のため）

「日本救国の恩人、文鮮明師万歳」

2008年　日時不詳　直江津―味の素スタジアム　340キロ

「神の下に世界は一つ、文鮮明師万歳」

2009年6月8日～12日間　第3次韓半島縦断　530キロ（清平《チョンピョン》―麗水《ヨス》）

「天宙平和の王、文鮮明総裁万歳」

2010年10月10日～25日間　対馬《つしま》―国会議事堂　1200キロ

「日本政府は日本救国の恩人、共産革命から日本を守った文鮮明総裁の入国を即時認可せよ！」

2012年3月28日～41日間　長野―東京―宗谷岬　2000キロ

「人類の真の父母、日本救国の恩人、文鮮明総裁億万歳」

2013年9月3日～2日間　利尻《りしり》島、礼文《れぶん》島　80キロ　ウォーク・フォー・ピース

ニューヨーク―ラスベガス　文鮮明総裁聖和1周年追慕行進

2014年5月31日〜9日間　長野—仙台　430キロ

米大陸横断10周年記念行進

2014年9月3日〜7日間　長野—白馬—能登半島・珠洲《すず》岬　360キロ

「ワンワールドアンダーゴッド　レバレンド・ムーン」文鮮明総裁聖和《ソンファ》2周年追慕行進

2015年3月4日〜3日間　松本—天龍村　143キロ

第1次日本縦断17周年記念「ワンワールドアンダーゴッド　レバレンド・ムーン」

2015年4月1日〜3日間　高崎駅—神川工場—狭山公園—高田馬場、箱根山聖地

134キロ

文鮮明総裁聖和3周年追悼平和行進

行進の主たるテーマは、共産主義から世界を守った恩人である文鮮明師に対する迫害を続ければ、その国は天運をなくしてしまう、それゆえ文師への誤解と偏見をなくせ、と訴えるものだ。ただ単に真のお父様を宣伝するという次元ではないのだ。

彼のインタビューをしながら、若い頃に取材した、千日回峰行《かいほうぎょう》を遂げた酒井雄哉師のことを思い出していた。

山あり谷ありの比叡《ひえい》山の行者道40キロを８時間余りで歩き、途中、２６０か所ある礼拝所で礼拝を捧げる。この行を、最初の３年は毎年１００日間、４、５年目は２００日間、６年目は１００日間、最後の７年目は２００日間と延べ７年にわたって千日回峰行を行う。毎日の睡眠時間は３時間余り。食事は少量の精進料理を１日２食というもの。また降魔の剣か紐《ひも》を所持していて、万が一、修行ができなくなる状況になれば、自害するという。

私にできる限りの精誠を捧げていこう

町田さんも３次にわたった韓半島縦断の際は、行進と並行して各地の駅頭や歩道の片隅で敬拝を行った。

１日10か所、１回につき40拝なので１日で４００拝。それを10日間続けたので４０００拝。これを３次行ったのだから、合計１万２０００拝の敬拝の跡が韓半島に刻まれたことになる。

「時には小石が膝《ひざ》にくい込んで、痛みに耐えながら敬拝をしたことがあります。それが、今も蘇ってきます。この痛みこそ、この民族が味わった苦しみではないかと思いました」

家族と共に

町田さんは、世界を舞台に、真の父母様のために千日回峰行を実践したのである。

さらに、2005年10月12日から40日間の断食を決行している。真のお父様の入国を祈願しての断食だったが、36日までは通常どおり働き、37日目は上京して、妻礼子さんと共に国会前で座り込み、お父様の入国を訴えた。断食明けの40日目は、駆けつけてくれた友人10人のために、巻き寿司を作ったという強者《つわもの》だ。

「神のみ旨が成就するのであれば、人類の救世主、真の父母様のためであれば、喜んで命を投げ出すことも厭《いと》わない」と明言する町田さんは、アメリカ滞在14年の間に真のお父様との忘れがたい深い因縁を結んだ。そして、1977年11月上旬、当時27歳だった町田さんは、4日間かけて、ベリータウンの神学校からマンハッタンのワールドミッションセンターまで歩き続けたことがあった。神学校の図書館で目にした『たとえそうでなくても』（安利淑《アンイスク》著）を読んでいて、強い衝動に突き動かされたという。道が分からないので、初日は列車の枕木の上を歩き続けた。その夜は線路の下の草むらで野宿した。

その時感じたのは、「このまっすぐに敷かれた線路が真理の道であるなら、その下にあって線路を支えているこの無数の枕木は、真のお父様の血と汗と涙の跡ではないか！」という、悟りにも似た世界だった。

天から課せられた使命を思えば、気が狂わんばかりなのに、捨て身で人類を救おうとされる父母様。世界は誹謗と中傷を投げつけてくるにもかかわらず、泰然として歩まれる父母様。この方のために、私にできる限りの精誠を捧げていこう――町田松夫さんのハレルヤ大行進の根底には、このような決意がある。

日本、韓国、アメリカ横断を果たした、破天荒《はてんこう》とも思われる彼の名は、統一運動の歴史にいつまでも刻まれるであろう。

真の父母様の記憶に刻まれる10回の40日断食

井口《いのくち》康雄さん

モーセやイエスが行った40日断食を今日行っている宗教団体と言えば、世界平和統一家庭連合（旧 世界基督教統一神霊協会）ぐらいであろう。その先鞭《せんべん》をつけたのは、梶栗玄太郎氏と井口康雄氏である。体重は20キロ前後も減り、その間、「生き地獄の苦しみ」を味わうという。そのような40日断食を10回果たした井口氏。彼の命懸けの記録は、お父様のみ言《ことば》集に収められている。

今、渋谷の街を闊歩《かっぽ》している若い人に、「断食」について聞けば、ダイエットと結びつけて答える人も少なくないだろう。だが、聖書をひもとけば、神から召された義人・聖人が強い決意や悔い改めの場面で、命懸けの断食を決行している。

モーセはシナイ山で神から2つの石板を受け取るため、「40日40夜、山にいて、パンも食べず水も飲まなかった」。しかし、その間、エジプトから導かれてきたイスラエル民族が不信仰を犯してしまう。神は激しい怒りに燃え、彼らを滅ぼそうとするが、モーセは再び40日の断食を行い、これをとりなす。

預言者ヨナが、ニネベの町がその罪ゆえに40日後に滅びるという神の警告を告げると、王も民衆も悔い改めの断食を行う。その姿を見て、神は、ニネベを滅ぼされることはなかった。ペルシャ王の妃、エステルも、ユダヤ人を守ろうと王に訴えるために３日断食を行った。イエスは荒野で40日の断食を行い、サタンの三大試練を克服。その後、「悔い改めよ、天国は近づいた」と宣べ伝えている。

だが、断食をすれば願いがすべて叶《かな》えられるわけでもない。ダビデはウリヤの妻、バテシバと姦淫して子供ができるが、預言者ナタンは「生《うま》れる子供はかならず死ぬでしょう」と告げる。ダビデはその子のために断食をして神に懇願するも、子供は亡くなる。

こうして見ていくと、断食とは神に対する「壮絶な祈り」とも言えよう。

家庭連合（旧統一教会）の信徒は、祝福を受ける条件として７日断食を行う。だが、40日の断食を行うケースは、極めて稀《まれ》である。

平和な大学を願い800日のリレー断食

日本信徒の中で、40日断食を行った人は十数人という。中でも、総務局歴史編纂《へんさん》部長、井口康雄氏（1800家庭、65歳）は40日断食を10回、行っている。

井口氏は、どんな目的を持ち、いかなる心境で40日断食を通過してきたのか、聞いてみた。

彼の信仰路程は、断食を抜きに語ることはできない。

井口氏は1970年、早稲田大学に入学して間もなく、み言に出合う。1972年、極左過激派革マル派が、井口氏の知人で4日間の原理セミナーにも参加した川口大三郎君を、対立する中核派のメンバーと勘違いし、早稲田大学の教室で長時間にわたるリンチで殺害するという凄惨《せいさん》な事件が起きる。

そのような中、来日された真のお父様は、「愛と赦《ゆる》しのキリストの精神で、暴力のない平和な大学になるまで無期限断食をしなさい」と指導された。これを受けて当時、原研（全国大学連合原理研究会）委員長だった井口氏を先頭に、原研メンバー50人が3人ずつリレー1日断食を実施。実に、800日間に及ぶリレー断食で、学内での暴力の横行に終止符を打ったのである。それ以降、井口氏は中国との国交回復反対や北朝鮮の日本人妻里帰り実

真のお父様に対する米国ダンベリー連邦刑務所不当収監に抗議するため行った１回目の40日断食（1984年７月21日～８月29日）

現に向けた断食など、毎年7日以上の断食を決行してきた。

そのような井口氏にとって一つの大きな転機が訪れたのは、１９８４年である。当時、真のお父様はアメリカにおいて脱税容疑で追及されていた。井口氏はお父様の無実を訴えるため21日断食を決意し、同年６月６日から断食に入ったのである。

その理由を井口氏はこう語る。

「その頃霊界の興進《フンヂン》様から、『お父様の裁判に関して、日本は愛の負債を負っています。悔い改めの涙を流さなければなりません』と啓示があったのです。さらに、その前年が興《フン》南《ナム》監獄出監から33年目に当たり、『イエス様が33歳で十字架で殺されたことの同時性である』と真のお父様が言われたこと、そして私の祖父が日帝時代、興南工場と同系列の会社に勤務しており、その興南工場長と親交があったため、その因縁と連帯罪を意識し、悔い改め、そこでペテロの失敗を蕩減復帰しようと、それまで未経験だった21日間断食を決意しました」

21日断食をやめて40日断食

だが、断食2日目に、アメリカでお父様からご指導を受けて帰国したばかりの梶栗玄太郎氏（前会長、43家庭）から「断食を中止しなさい」と言われた。当時、21日という長期断食を行う者などいなかった。１９６３年に教会では初めて40日断食を行ったクリスチャン出身の兄弟がいたが、その後、離教してしまう。それゆえ当時の幹部は誰もが長期断食に否定的だった。梶栗氏もまたそのような判断を下したのか――と思いきや、井口氏に対して梶栗氏はこう告げたのである。

「21日断食をやめて、40日断食をしなさい」

その場で梶栗氏は事の経緯を明らかにしなかったが、実は5月下旬、アメリカで行われた「(真の)万物の日」の式典で、お父様が語られたみ言が梶栗氏の心に鮮烈に刻まれていた。

その日、朴普熙《パクボーヒ》先生がお父様に、既成教会の牧師がお父様の脱税容疑に抗議して1週間断食をしていることを報告。するとお父様は、「お客さんのような牧師が1週間断食をするならば、弟子である君たちは40日断食をしなければいけない。もし先生が牢獄に入るようなことがあれば、神学校出身者はホワイトハウス前でハンガーストライキをしなさい」と語られたのである。

その時、梶栗氏は「自分は神学校出身者ではないが、もし先生が牢獄に入るような事態になれば、弟子の一人として断食をしよう」と密《ひそ》かに決意したのだった。

21日の断食はするな、するときは40日断食だ――と告げられて、さすがの井口氏も驚いた。「当時は長くて12日で、7日断食をやれば十分という時代でした。それなのに、梶栗先生から予想もしない40日断食と言われて、本当にビックリしました。しかし、21日を決意していたので、その2倍だな、と可能性を確信でき、その申し出を即諾しました」

7月20日にお父様がダンベリー連邦刑務所に収監されたのを受けて、井口氏は日本時間で7月21日午前零時を期して40日断食に入った。断食から10日ほど過ぎた頃、実は梶栗氏も40日断食を行っていると知らされたという。

真のお父様のみ言を出発点として、梶栗氏の決意と井口氏の決意が結集して、日本に40日断食が定着する契機となった歴史的な40日断食であったと言えよう。

本当の試練は断食明けだった

さて40日断食を決行すれば、体重は20キロ前後落ちる。猛暑の中の断食はなおつらい。その苦しみは筆舌に尽くし難い。

「正に生き地獄の苦しみと言うのでしょうか——。不慣れな40日断食で、今で言う熱中症にかかり、自律神経をやられて眠れなくなり、昼夜が逆転しました。吐いて船酔いのような苦しみがずっと続き、吐けば、さらに体力を消耗してしまう……。断食後半の20日間がそうでした。最後は血まで吐いて、あと1週間、このような事態が続くと、あの世に行くかな、と思うほどでしたね」

それでも断食期間中は、周囲の関心が強く、祈りのサポートもあって無事終了した。

しかし、40日断食の本当の試練は、断食明けだった。周囲が断食勝利を喜び、本人もまた「何でも食べたい」という強烈な食欲が出てくる一方、胃袋はひどく衰弱していて全く

真のお父様が日本に留学された当時の早稲田付近の地図を
真の父母様にお見せする（2007年７月17日）

食物を受け付けない。そのギャップをコントロールするのが大変だったと、井口氏は振り返る。

断食明け直後、長期断食明けの方法を誰も分からず、山梨の断食道場に入るが、出された断食明けの飲み物が味の強い薬草ジュースで、苦く感じて体が全く受け付けない。衰弱がひどく、その専門家である断食道場長も40日断食の経験がないため、「責任が持てない」と退院させられた。その頃、真のお母様から「断食は終わった後が大変だから、2倍の80日ほどかけて復帰しなさい」という電話が本部に入ったという。その後、一心病院に約4週間入院して回復できた。

その時の経験から、40日断食明けの体調管理や回復のコツを十分につかんだ井口氏は、その後、前人未到の10回の40日断食を進めていくのである。断食を行った年月日と、その目的は以下のとおり。

1回目（1984年7月21日～8月29日）

文鮮明《ムンソンミョン》師の米国ダンベリー連邦刑務所不当収監への抗議

2回目（1987年3月14日～4月22日）

日本におけるスパイ防止法の制定を訴えるため

3回目（1996年4月1日～5月10日）

文鮮明師の日本ご入国のための祈願

4回目（1997年7月1日～8月9日）

日本の朝鮮植民地支配への懺悔《ざんげ》

5回目（1998年7月1日～8月9日）

文孝進《ヒョージン》様家庭の安寧のための祈願

6回目（2002年5月1日～6月9日）

韓半島統一および韓国と日本の一体化の祈願

7回目（2003年5月1日～6月9日）

文鮮明師のご健康を祈願

８回目（２００４年7月20日～８月28日）
文鮮明師の米国ダンベリー連邦刑務所不当収監への再抗議
９回目（２００５年11月10日～12月19日）
天宙平和連合（ＵＰＦ）創設大会、真の父母様のご健康とご入国、南北統一祈願
10回目（２００６年9月30日～11月８日）
第３次世界巡回講演の成功、真の父母様のご健康、日本の贖罪《しょくざい》と母の国の使命完遂、真のお父様の母の国訪問勝利、在日の和合と南北統一実現

井口氏は断食を通じて初めてお父様の壮絶な胸中を知り得たという。

４回目の40日断食の前には、夢で真のお父様から「君は40日断食をたったの３回しかしていないのか！　先生は生涯、その基準で歩んでいる」と強く叱責された。

「エバの塞がっていた門がすべて開く」

また、10回目の40日断食を行ったのは、２００６年8月21日、天正宮博物館での訓読会

で真のお父様が「10回40日断食をやれば、エバの塞がっていた門がすべて開く」と語られたからである。断食中、「日本で40日断食を9回した者に、『まだまだ足りない！ 10回目をやるように』と先生が言ったが、その数十倍の精誠を尽くしているから言えるのだ」と語られたと聞き、お父様の量り知れないご苦労を深く悟らされたという。

体力的には生死をさまよう直前まで追い詰められながらも、霊界の協助を得て、真の父母様と心情的に近くなり、大いなる復興ができたという。その恩恵は家族にも多く及んだのである。具体的に言えば、3回目の40日断食期間中、妻が中期の胃癌《がん》であることを啓示で知らされ、急きょ全摘手術を受けた。既に転移が始まっていたので、もう少し発見が遅れた場合は余命6か月とのことだったが、今も健在である。

4人の子供は、それぞれ紆余《うよ》曲折はあったが、妻の犠牲と精誠もあり、3人が天の恵みにあずかり、長男は韓国人女性と、長女はアメリカ人男性と祝福を受けた。三男が日本人女性と祝福を受けて幸せいっぱいの様子は２０１２年４月のＴＢＳの報道特集で放送されたが、そこには父、康雄氏の姿もあった。

10回目の断食明けの後《のち》、天正宮博物館での訓読会中、「40日断食を10回しても死なずに生きているんだね」と井口氏の目の前でお父様はねぎらいの言葉を掛けられ、断食明けの

10回目の40日断食（2006年９月30日～11月８日）の
勝利を祝って（2006年11月８日）

写真10枚にサインをされた。そして２００６年末、「天一国祝福家庭新しい出発特別修錬会」で、「功労牌《はい》」を家族と共に授与されたのである。

功労牌にはこう刻まれている。

「貴殿は、原理研究会に入会以来、献身一筋で一貫してみ旨の道を来られ、特に１９８４年真のお父様のダンベリー受難路程に同参したばかりでなく、ひたすらお慰めする心情で40日断食特別精誠条件を立て、２００６年11月に終えた10回目の40日断食まで、真のご家庭のご安寧と母の国日本の使命完遂、および祖国統一等のために特別精誠を捧げられることによって絶対愛、絶対忠孝の模範となりました。

ここに貴殿の献身に対して、平和の王天地人真の父母様のお褒めに併せて、全世界統一家の尊敬と感謝の気持ちを込めて、本功労牌を授与いたします。
世界平和統一家庭連合世界会長」

真の父母様のみ言に記録された10回の40日断食

40日断食をやり続けてきた井口氏を支えたみ言が、『御旨と世界』にある。
「血統を清めるのはメシヤがするかもしれない。しかし、清められるように行動しなければならない。そこに一体となって従わなければならない。この基準が成せない以上は、我々は救われない。それが清められるには、どういう立場でかというと、死ぬか生きるかの、その境地を通過しなければ清められない。……40日の断食祈祷とか、死の境地をたどっていくんだね」(「血統的転換」から)
井口氏は語る。
「罪なき再臨主が、人類の救済のため血を流す拷問に耐え、6度の牢獄を越えていかれた。そのお方の祝福を受けるには本当は、結婚できなかったイエス様もされた40日断食をしなければならない。断食は罪の清算、蕩減復帰の意味ですから、10回の40日断食をやったからといって、私が偉いわけではありません。罪深い人間であるという自覚のもとに、黙々と行ってきたのです」

インタビューの終わり頃、井口氏はこんなエピソードを披露してくれた。劉正玉《ユヂョンオク》・全国祝福家庭総連合会総会長（当時）の勧めで、40日断食9回達成をギネスブックに申請したというのだ。ところが、イギリスのギネスブック事務局は「40日間の断食期間中の撮影映像でもない限り、とても信じられない」として、認定しなかったという。

だが、八大教材教本の一つ『平和の主人、血統の主人』で、真のお父様はみ言の価値を強調するくだりで、次のように明言されている。

「この本を易々《やすやす》と与えません。この本を与えてはいけないと言えば、父母の肉と汗をすべて売ってでも、40日断食を10回してでも準備しなければなりません。日本の食口《シック》の中には40日断食を10回した人もいます」

井口康雄氏の40日断食10回決行は、ギネスブックには記載されずとも、日本統一運動の歴史に刻まれ、真の父母様の記憶にも、み言にも正しく永遠に記録されている。

第4章

真の父母様の夢、世界で果たすために

天に導かれ、夫婦で切り開いた宣教

佐川誠一郎・春枝さん

「全世界に出て行って、すべての造られたものに福音を宣《の》べ伝えよ」（マルコによる福音書16章15節）――復活のイエスが、弟子たちに宣教命令を発したように、イエスの使命を継承されている再臨主、真の父母様も国家メシヤに対して、世界宣教を命じられた。南米ボリビアの地に家族で移住して、福地化に取り組む佐川誠一郎・春枝さん夫妻の奮闘の証しである。

「宣教以前の自分と、以後の自分は別人だと思います。

言語、文化がそれぞれ全く異なる全世界を一度に復帰しようとなさる真のお父様のご苦労は、どれほど大きいものだったでしょうか。宣教に出て、その一端に触れさせていただいた気がします。また、国家メシヤとして一国の宣教に責任を持つという、日本では得られない経験も貴重なものでした」

こう振り返るのは、南米ボリビアの国家メシヤの佐川誠一郎さん(70歳)だ。

1996年8月、韓国の天宙清平《チョンピョン》修錬苑で、真のお父様からボリビア宣教のミッションを拝命。

翌97年1月、妻の春枝さんとふたりでボリビア・コチャバンバ市に降り立った。自分たちの教会を探し歩く中、3人の日本人食口《シック》の宣教師と奇跡的に出会う。コンクリートだけの何もない開拓教会だったが、皆、希望に燃えていた。講義用の黒板は手作りだった。

裁判問題と誹謗《ひぼう》中傷報道の試練

そんな佐川さん夫妻を、予想もしなかった試練が立て続けに襲う。その年の5月に韓国の国家的メシヤが、続いて韓国人宣教師が、そしてチリ人のナショナル・リーダーがボリビアを去ってしまったのである。さらに、サンタクルス市では、教会の建物をだまし取られそうになる事件が起き、裁判になった。

スペイン語の裁判資料を見せられても、何のことか分からない。それでも3か月間、部

標高4000メートルの高地の都市オルロで開拓伝道するメンバー（2011年）

屋に閉じこもり書類と格闘した。弁護士を探したが、良い人が見つからない。経費ばかり出ていき、仕事が一向に進まない。

　ところが意外なところから救いの手が差し伸べられたのである。

「メンバー（教会員）の法学部の女学生２人が、自分たちで解決できると言うのです。ベテランの弁護士ができなかったのに、若い彼女らにどうしてできるというのでしょうか。半信半疑で、任せてみました。

　すると彼女らは法学部教授や大学ＯＢの弁護士を使って、なんと２か月で解決してしまいました。しかも非常に格安の値段で。宣教地では良い弁護士を見つけることはとても重要です。神は食口の中にその器を既に準備されていたのです」

だが、新たな困難が待っていた。2002年の大統領選挙の時期、全く身に覚えのない誹謗《ひぼう》中傷が広がり、教会がマスコミによって全国で批判を浴びることになったのだ。この謀略的な報道で教会のイメージは最悪のものとなり、2年間は伝道ができなくなったという。

当時、佐川さんは多くの学生を教会につなげていたが、突然のマスコミによる批判報道でみな、去ってしまった。

失意の中でも、伝道のためにはどうしても言語の壁を克服しなければならないと奮起した。現地の語学学校で1か月間学んだうえで、スペイン語の『原理講論』を、辞書を引きつつ読破。そして、周囲の兄弟の会話に耳を傾け、生活の中で使っているうちに、スペイン語を覚えることができたという。

実を結んだキャンパス伝道

2004年3月に、再度決心し、大学伝道に取り組んだ。

「毎日ボリビア人メンバーとキャンパスに行き、ついに、有望な対象者2人に出会うことができました。主の路程は、私がスペイン語で直接講義し、脇でボリビア人メンバーが、言葉が足りない部分を補足してくれました。私は受講者のために断食、敬拝の蕩減条件を立てました。その1人、メルビーさんは献身的に歩むことを決意してくれたのです」

２００５年には、佐川さんは1人で大学内での40日伝道を始めた。雨の中、傘も差さずにビラを配り、1人も立ち止まってもらえないまま4時間キャンパスに立っていることもあったが、「この間、天宙復帰のために苦労なさっている真の父母様のご心情に触れる経験が何度もあった」と言う。

40日伝道路程が終わると、今度は教会の全員に呼び掛け、食事当番も、育児中の主婦も、とにかく気が狂ったように伝道しようと第2次40日伝道路程を組んだ。これが奇跡を生んだ。たくさんの人が伝道されてきたのである。

「キャンパスで声を掛けると、嘘《うそ》のように簡単に連れてくることができました。大学から教会まで霊的に通路ができているようで、そこに対象者を乗せてやると、あとは自動的に運ばれていき、『原理』を受講し復活していくという、希《まれ》な体験でした。狭い伝道所はいつも満員で、通路では、数人が講義の順番を待っていました。この時に復帰されたメンバーが現在のボリビア教会の中核となっています」

この年の9月、「天宙平和連合（UPF）創設120か都市世界巡回講演」ツアーで、真の父母様がボリビアにも来られるというビッグニュースが飛び込んできた。佐川さんは語る。

「霊界はこのことを前もって知っていて、できるだけ多くのボリビア人を主に会わせるように、私たちを通じて働き掛けていたのです。私たちは真の父母様に心から感謝の祈祷を捧げました」

佐川さんは大会の責任者の立場上、直接動員に関わることができなかったが、それでも要人を何人かは招待したいと決意。ラパス市で1日だけ裁判所を回った。本来ならば、招待状を用意するのが礼儀だが、何も持たずに判事の部屋に飛び込んだ。すると、なんと1日で20人の判事が参加を確約してくれたのである。

後に、参加した判事の1人が、み言《ことば》を受け入れ、現在は平和大使としてラパスで活躍している。

2005年12月13日、真の父母様がボリビアを訪問された。佐川さんは、ボリビア滞在中のお父様と、1度だけ直接お話しする機会があった。

「日本人国家メシヤはボリビアに何年住んでいるのか？」

「9年、住んでおります」

サンタクルス教会本部の建設現場で（2007年）

お父様が深くうなずかれる。

「スペイン語は話せるのか?」

「できます」

それだけの会話だったが、佐川さんには意義深いものだった。

実体の真の父母様にお会いしてから、ボリビアのメンバーの信仰は飛躍した。

祝福活動でメンバーが官庁を訪問したとき、ある役人が、真のお父様のことを口汚く非難したことがあった。すると、教会のメンバーが「その批判は全く根拠のない噂《うわさ》にすぎない。あなたは文鮮明《ムンソンミョン》総裁に直接お会いしたことがないだろう。私は直接お会いしたのだ。文総裁は全く正しい人だ。私の真の父母様だ。私の親の悪口を言うな!」と強く抗議した。最後に、その役人は衆人の前で謝罪したという。

２００６年10月には、真のご家庭３代圏世界40か国巡回（「天宙平和祖国郷土還元勝利釈放大会」）が行われた。この時、摂理的に大きく進展している国は、ご家庭が来られたときに、1日で12か所同時に講演会を開くが、ボリビアは６か所でよいということだった。しかし、ナショナル・リーダーのネリーが、「天の願いは1日12か所で開催することだ」と主張し、献身的実践メンバーの約30人はそれに呼応して強く決意し、12か所大会に臨んだ。

ところが、ある会場では当日、開始時間になっても参加者がゼロだった。動員を確約してくれたＮＧＯ団体が約束を破ったのである。

「すると、その会場を担当した３人の若いメンバーは即座に付近の大学、会社、高校を回り、わずか1時間で２５０人の会場を満杯にしたのです。ある高校では教師がクラスを臨時に休みにして講演に参加しました。私たちは幼いメンバーの責任心情に感動しました」

天の摂理を遂行するためには実践メンバーが決定的に不足していると反省した佐川さんは、徹底的に伝道、教育に力を注いだ。

若者を対象にして、伝道、奉仕活動、祈祷、敬拝、断食などの信仰生活を教育。また、伝道者自身の成長のため、原理講師養成講座も開き、聖句の暗記をはじめ徹底した教育を行った。

「ボリビアはキリスト教国家なので、創造原理は皆よく理解できます。セミナーの後半に徹夜祈祷を実践します。その場でメンバーの多くが霊的体験をし、再臨主による救いの希望を感じていくようになります。徹夜祈祷が初めての人でも、70分の祈祷時間が短いと言います」

ボリビアは南米最貧国の一つ。親から1日1食しか与えられずに成長してきたメンバーも珍しくない。しかし、彼らは自分が飢えることより、もっと神を愛したいと自分の限界に挑戦するまでにたくましくなっていった。

伝統に則り開拓伝道

2010年に全国的に開拓伝道を開始。出発式で佐川さん夫妻が開拓時代の証《あか》しをした。伝統に則《のっと》り、「原理」のみ言と身の回り品、片道交通切符以外は持って行かせない。もちろん宿泊場所も決まっていなかった。

メンバーが開拓伝道に出発した日はあいにく冷たい雨の日だった。

天一国基元節入籍祝福式。前列右から３、４人目が佐川誠一郎さん・春枝さん夫妻（コチャバンバ市内、2013年２月22日）

彼らは今晩どこに泊まるのだろうか。雨に濡れていないだろうか。40日間食事はどうするのだろうか――。

佐川さんの心配は尽きなかった。

「だが、彼らはみな1週間断食を続行しながら、ある人は農家に泊まり込み、無償で農業を手伝い、ある人はパン屋に泊まり込み、早朝からパン作りを助け、伝道活動に従事し、次々に新しい教会を設立しました。

開拓から戻ったメンバーは、たとえ一銭のお金を持っていなくても、どんな環境でも生き抜いて伝道することができると言っています。開拓伝道を続けた成果として、現在は全国10か所に拠点を持つようになりました」

現地に赴任した１９９７年当時、10人弱だったボリビア人実践メンバーは、現在３００人にまで増えた。
ボリビアで宣教活動中の佐川さんにメールで質問した。

――ボリビア宣教は予想と、実際と、どう違いましたか？

「自分が今まで持ち続けてきた信仰が正しいものか、試練を受けました。日本にいたときに当然だ、常識だと思っていたことが通じないのです。当初、先進国の日本人から見れば、南米の発展途上国の人は、約束は守らない、時間は遅れる、言い訳をする、平気で嘘をつく、犯罪者が多いなど、つまずくことが多かったのは事実です。しかし、大母様《テモ》によると、神様は日本を摂理的母の国として育てるのにお忙しく、第三世界の子女国家に十分な教育をする余裕がなかったというのです。子女国家の教育は母の国が責任を負うべきだということだと思います」

――最大の精誠は何だったのですか？

「１９９６年7月から清平で１８０か国派遣国家メシヤ候補者特別修練会が開かれました。40日間、祈祷、霊分立の役事《やくじ》などを通じて、それまでの歩みを深く悔い改めました。
大母様は『もう若くもない皆さんは、宣教に行くに当たって、いろいろ心配があるでしょう。言葉ができない、体力がない、残された家族の生活はどうなるのだろう、など。しかし何も心配することはありません。真の愛を任地国に持っていってください。そして必ず夫婦ふたりで行ってください。皆さんは、イエス様が十字架で死なずに復活して祝福を受けた立場なのですから』と語られました。

私の相対者は、1990年代の16万人女性訪韓摂理の際は車いすで参加したほど体が弱いのです。ですから、宣教に行けるか心配でしたが、彼女の決心は固いものでした。

しかし、まず、日本から見てちょうど地球の裏側に当たる南米ボリビアまでの25時間の飛行機の旅が大変でした。なんとかボリビアに着いたものの、目的地のラパス市に行く途中、コチャバンバ市のホテルで、彼女はとうとう倒れてしまったのです。

英語の通じないボリビアで、しかも私はスペイン語が分からない。医者を呼ぶこともできない。本当に困っていたときに、その日、ラパス市から到着した日本人女性宣教師とばったり会ったのです。

そのように、神様が私たちを見守ってくださっていることに無限の勇気を頂きました。

現地での課題は、自分たちがいかに原理的に正しい位置を保つか、メンバーをいかに真の愛をもって愛するかということです。自分たちを通じて、どうか神様がボリビアに働いてくださいますようにと祈りました。初めの頃は10日修練会の講義を夫婦ふたりで担当していました。

愛することとは、同じ屋根の下でできるだけ長く、一緒に生活することだと思っています。自分たちの精誠はできるだけ長く任地に滞在して、できるだけ多くの時間を取ってメンバーに、真の愛で尽くすことだと思っています。妻は春の喜びの雰囲気を持っていて、周りを自然に復活させることができます。彼女がいてくれたので、宣教を続けることができました」

世界中から尊敬され、愛される日本

――真のお父様との忘れられない思い出を聞かせてください。

「やはり、２００５年12月に真の父母様の世界巡回でお会いし、お話ができたことです。それから４年後の２００９年秋、私は宣教地で強い孤独感に襲われていました。ところがある日突然、心の中に、天の父母様（神様）が恋しくてたまらないという心情が芽生えたのです。周りの誰も理解してくれなくとも、この方だけは私の味方になって守ってくれるという、それは強い神体験でした。

それ以後、私は内的にすっかり変わりました。良かったこと、悪かったこと、悔しかったこと、悲しかったこと、絶望していること、何でも祈祷を通して天の父母様に言えるようになったのです。世の中に2人と存在しない近い方として身近にいてくださるようになったのです。ただ、なぜ急に、天の父母様にこんなに近くなれたのか分かりませんでした。

3年たって突然、理由が分かりました。2005年真のお父様と問答させていただいたとき、お父様は私に〝命〟を吹き込んでくださったのだと。吹き込まれた〝命〟の種が4年たって芽を出したのだと分かりました。

メシヤは地上に命をもたらす方です。地上のすべての死せる者に〝命〟を吹き込む使命を持った方です。目の前に存在する者は、条件があろうとなかろうと、生かしてあげようと努力される方です。7年前、その方の前にたまたま私が存在しました。だから自分は生かされたのだと、遅ればせながらはっきり知りました。これが、私の『キリスト体験』です」

――これから宣教に向かう日本の若者にメッセージを。

「日本人食口は、再臨主、真の父母様の絶対的な〝赦《ゆる》しの愛〟を体験した証《あか》し人《びと》なのです。

葦の素材で編んだボリビアの船「トトラ」の模型を
真の父母様に奉呈（2005年）

その愛を世界の人々に伝える責任があります。日本人食口の日常生活は即、蕩減生活になっています。なかなか分かりにくい蕩減の概念を分かりやすく生活の中で証しできるのも日本人の特性です。これを伝えるため世界に出るのです。

日本人食口は、世界中でメンバーから尊敬され、愛されます。また、ビザ問題も、日本人は優遇されることが多いです。つまり、世界へ日本人が出ていく道は開かれているのです。宣教に出れば、必ず生きた神様に出会えます。真の父母様のご苦労に触れることができるのが宣教の恩恵です」

７年前から長男・勝基《かつもと》さんも現地入りした。佐川家の夢は、メンバーと共に汗を流して、家族を挙げて２０２０年に向けてボリビアに盤石なる真の父母様の基盤を整えることだという。

いつも神様との約束を最優先

白尾知行・幸子さん

白尾知行・幸子さん夫妻はシンガポールを皮切りに、18年間、海外宣教に身を投じた。この間、香港で長女、ウガンダで長男、ケニアで次女が生まれた。今、その子供たちも成長し、皆が祝福を受けて孫が誕生している。日本では想像もできない幾多の試練を越えてこられたのは、大いなる神様の愛と祝福があったからだと振り返る。

イスラエルに「愚か者にとって老年は冬である。賢者にとって老年は黄金期である」という格言がある。

偽りなき真の愛情に生きた人たちは年を取れば足腰は弱くなるが、美しい夕焼けにも似た満ち足りた晩年を迎える。そのような賢い人々にとって「老年は黄金期」だが、そうした愛情のドラマの主人公になる努力を重ねてこなかった愚か者にとって、老年は身も心も震える冬である、というのだ。

白尾知行・幸子さん夫妻（１８００双）の家族を取材して、このイスラエルの格言を思い出した。ふたりは今、60代半ばで、まだまだ溌剌《はつらつ》として人生を謳歌《おうか》しているが、その前途には「黄金期の老年」が横たわっているのが見える。順風の時も、生命の危機に直面した時も、天の父母様（神様）、真の父母様に対して、何より「孝子の心情」を先立たせて捧げてきたふたり。天は、そのような白尾さん夫妻を愛し、慈しみ、守り、祝福された。ふたりの半生を振り返ってみたい。

「地の果てまでみ言《ことば》を宣《の》べ伝えます」

白尾知行さんは16歳の高校1年の時、み言を聞き、「このみ言を地の果てまで宣べ伝えます」と誓って、み旨の道をスタートした。９年後、神様はその誓いを覚えておられ、知行さんはシンガポールを皮切りに、18年間、海外宣教に身を投じた。この間、香港で長女、ウガンダで長男、ケニアで次女が生まれた。今、その子供たちも成長し、皆が祝福を受けて孫が誕生している。

4人兄弟の3番目である知行さんを伝道したのは長兄の公廣《きみひろ》さんだった。自衛隊に勤務しながら、中央大学の夜間で勉学に勤《いそ》しむ公廣さんは、久保木修己初代会長の講演に感銘。櫻井節子さんから原理講義を受けた。その教えに感動した公廣さんは、最初にすぐ下の弟に手紙を書き、東京で7日間のセミナーに出るよう誘った。次に「母に会いたい」と手紙を書き、上京した母をセミナーへ。さらに父にもチケット代を送り、東京でセミナーを聞いてもらった。家族の仲が良く、子供思いの両親は、原理を素直に受け入れたのだった。

その次に、知行さんだった。彼も尊敬する兄の誘いに応えるため、なんと修学旅行を放り出して、その積立金で東京に向かった。兄弟の絆《きずな》はそれほど強かったのであるが、知行さんは後に、この精誠を神様が受け取られたと確信する。

山口からはるばる上京した知行さん。だが、会えると思って楽しみにしていた兄の姿はなかった。渋谷・南平台の教会本部に電話を入れると、「お兄さんは、北海道で開拓伝道されています」。「私はどうしたらよいでしょうか……」と途方に暮れる知行さんに、「緑色の電車が山手線です。渋谷駅で降りて、北口のハチ公前に出てください。そこで叫んでいる青年がうちのメンバーですから、声を掛けてください」。

当時、民主青年同盟（共産党系の青年組織）に入っていた知行さん。「神なんかいるものか。はっきりと否定してみせる」と内心、息巻いていたが、「堕落性本性」の話に共感したあたりから、心を開いてみ言の世界に入っていったという。

７日間セミナーの最終日、キャンプファイヤーで神様と兄弟の前に誓った。

「このみ言を地の果てまで宣べ伝えます！」

神様の愛があふれていた教会

それから日曜日ごとに、教会に通った。故郷・阿川から下関の教会に行くのに汽車で２時間もかかった。だが、高校２年、３年の２年間、１度も礼拝を欠席しなかった。

当時の下関教会は、まだ開拓教会だった。女性の教会長と、鹿児島出身の伝道師の女性と、高校生の白尾さんのたった３人だけ。教会長が説教、女性伝道師が司会を担当すれば、聴衆は白尾さん１人。「私が休めば聞く者がおらず、礼拝が成り立たない。しかし、それが苦痛ではなく、あの時代は神様の愛を独占できた良き時代です」と懐かしげに振り返る。白尾さんが山口県下関における信仰の初穂だった。

天一国基元節入籍祝福式で

時には体調が優れず休みたいとか、友達と遊びに行きたいという気持ちにならなかったのだろうか。だが、彼の口からは予想外の言葉が出てきたのだった。

「日曜日は朝5時5分の始発電車に乗って、教会に向かいました。父母が、お米や野菜を持たせてくれました。それが礼拝の後の昼食の食材になるのです。礼拝を終えると、午後の2、3時間は伝道のための費用を捻出するために、古新聞や空き瓶《びん》の廃品回収などをしました。そして、午後5時から最終電車が来るまで、下関駅前にある郵便局の前で路傍演説や路傍伝道。午後7時半の最終列車で家路に。帰宅するのは9時半。遅い夕食を取りながら、教会であった出来事を皆に報告。それからテープレコーダーに録音しておいた日曜礼拝の説教を皆で聞いて、1週間の反省会をしました。礼拝だけでなく、日曜日を一日丸ごと神様に捧げたのです。すでに、妹の富子も私が伝道していましたので、家族全員が教会のことを理解していたので、そのようにできたのです。教会には神様の愛があふれていました。だから、家に帰ると、もう教会に行きたくて、月曜日に学校に行っても、教会に行きたくて仕方がない、そんな気持ちが心を占めていたのです」

そして、日曜日の礼拝を守り続けてきた理由を、次のように述べた。

「まず親なる神様との約束を果たします。神様は父母だから、どんな放蕩息子、放蕩娘でも、『帰れ、我が子よ』と待っていらっしゃる。だから最低でも1週間に1回は神様の館である教会に行って、神様に祈って賛美して報告して、説教を聞きながら自分の生き方の姿勢を正す。神様は無形の神様だから、牧師の唇を通して私に最も必要なみ言を下さる。食べ物が私の肉体の命であるのと同様に、み言は私の霊の糧となるのです。

始発電車で2時間かけて下関教会に通い続け、2時間かけて家に戻る。家ではまた礼拝のテープを聞く。正に聖日を丸一日神様のためにのみに捧げたのが、後の信仰生活の原点になったような気がします」

白尾さんは信仰生活をスタートさせた下関を皮切りに、その後の北海道、シンガポール、香港、アフリカのウガンダ、そして帰国後も聖日礼拝を最優先してきた。「ノアが、神様から山の頂に箱舟を造るように命令を受けて120年間も黙々と頑張ったように、私もまた49年間、日曜礼拝を守ってきました」。

「もちろん日曜礼拝に行こうとすると、行けなくなる理由がいろいろと出てきます。学校の試験、友達からの誘い、同窓会やスポーツの練習、親戚からの招待、実家からの田植えの手伝いの要請、などなど。そんな時、私たちは友達や親の復帰のためだと理由を付け、礼拝を休もうとします。しかしそれを乗り越える方法は簡単です。天宙の創造主であり主管者であり、私をみ言と真の愛で生かしてくださった神様との約束を最優先すれば、簡単にできることです」

白尾さんには、強い確信がある。すなわち、基本的信仰生活である①聖日礼拝を守る、②毎朝、天の父母様と真の父母様に夫婦で敬拝を捧げて家庭盟誓《カヂョンメンセ》を唱和する、③訓読生活、④夫婦同士で、親子で敬拝する、⑤十一条の実行、⑥子供が生まれたら誕生日に家族そろって手をつないでお祈りをしてあげる――などを守れば、天の父母様は必ず守ってくださる、と。「毎週礼拝を守っている人に教会を離れた人はないでしょう」と言うのだ。

真のお父様から受けた海外宣教

白尾さんは、家業を継いでほしいという父の願いに応えようとミッションスクールである北海道の酪農学園大学に進学。大学では聖書研究会に所属した。部員はカトリック、プロテスタント、世界平和統一家庭連合（旧 世界基督教統一神霊協会）など、さまざまな教派で構成されていて、議論はいつも白熱したが、お互いの立場を尊重し合って仲が良かったという。そんな聖書研究会の仲間と毎年、恒例で数日間、北海道の僻地《へきち》の小学校を訪ねて慰問して回った。

子供たちのためにクリスマスプレゼントを用意し、歌やゲームや踊りを披露した。子供たちも先生たちも、彼らの訪問を首を長くして待ってくれていた。彼らの宿舎はいつも学校の校舎で、石炭ストーブを焚《た》いて寝袋で寝た。白尾さんは睡眠中によく寝言を言うらしく、仲間が朝起きて、「白尾！　おまえは昨晩、寝言でもお祈りをしていたぞ」と言われたことも。

北海道で7年間歩んだ1975年の2月8日、1800双の祝福が行われた。「東京にそのまま残りなさい」と言われて、「希望の日」講演会の準備中、突然、本部に集合しなさい、という連絡が入る。本部に行くと、お父様から「世界宣教」の方針が出された。彼は、お父様の真正面に座り、お父様の靴下に触れることができるほど間近で辞令が下りるのを待った。白尾さんの宣教先はベトナム。お父様が彼の顔を見ながら一言、「おまえ、ベトナム人のような顔をしているな」。

白尾さんの心には、お父様が大きな声で「これで、おまえたちの人生は決まった！」と語られた言葉が、今も鮮明に刻まれている。

ベトナムは当時、戦場であったため、シンガポールで5年間、活動する。幸子さんが30歳になったのを機に、香港で家庭を出発。その後、香港3年、ウガンダ10年、ロシア3か月。こうして18年間、海外宣教のミッションに身を投じた。

香港で生まれた長女、和香子《わかこ》は、日本と香港の架け橋になってほしい、との願いを込めた。ウガンダで生まれた長男は36家庭の先生が徳海《とくうみ》と命名。長兄は「徳、海の如《ごと》し」と祝ってくれた。静養先のケニアで生まれた次女は、アフリカ生まれの美しい子になってほしい、の願いを込めて阿美《あみ》子と名付けた。

ウガンダ軍事キャンプで拷問

18年の宣教生活の中で、最も身の危険にさらされた事件はウガンダで起きた。伝道が順調に進み、基盤ができつつあった矢先、突然、軍事キャンプに連行されたのである。

家族でウガンダ宣教（1983〜1993）。写真は1992年

軍事キャンプに着くと、白尾さんは部屋の床にうつ伏せになるよう命じられた。そして彼らはロープで白尾さんの両手両足を一緒に縛り上げ、怒鳴りつけた。「証拠は全部掴《つか》んでいる、白状しろ」と。

彼らの言い分は、白尾さんが毎週ウガンダの大学生や青年を集めてセミナーを開き、反政府活動をあおっている、「おまえはその中心者だ」と言うのだ。「統一原理」の修練会が反政府ゲリラを養成するものと捉えられたようだった。

反政府活動ではなく純粋な宗教セミナーであると説明するも、受け入れられなかった。うつ伏せになって両手両足を縛られた状態で４人の軍人が白尾さんの体を高く持ち上げ、床に叩《たた》きつけ、更には軍靴で思いっきり彼の身体を蹴《け》った。そして、反政府運動をやったと白状しろと迫った。「違う、そうではない」と何度、白尾さんが言っても彼らは聞き入れてくれない。こうして、拷問を繰り返した。

その拷問のさなか、白尾さんは真のお父様が拷問を受けられたときのことを思い出した。真のお父様は両手を背中で縛られて吊《つ》るされ、棒で力いっぱい殴られた。そのとき、殴られる以上の気力で反発し、打ち返されたと聞いたことがあった。そうすると、痛みが止まったというのだ。

白尾さんもまた真のお父様に従い、床に落とされるときや軍靴で体を蹴られるとき、気力で打ち返した。そうすると、不思議なことに、その瞬間、全く痛みを感じなかった。そのとき、「自分は勝利したという思いが湧いてきた。そして「彼らをゆるし給え。彼らは何をしているか、分からないのです」と祈った。（後に、その痛みは半年以上続いたが）。

白尾さんは外的には惨めだったが、真のお父様の歩まれた道の一端を体験することができ、内心は嬉《うれ》しかったという。「自由とは、なんと貴いのだろう。光とは、なんと慕わしいのだろう……」としみじみ思わされた。

その頃、妻の幸子さんが夫の居場所を探し当て、軍の基地に一人で乗り込んで、軍の高官と交渉をしていた。幸子さんは奈良女子大学数学科を卒業。聡明さと、男も負けるほどの胆力の持ち主だった。

「私の夫は、この国に来て、この国のために、小学校を作り、農業を教え、井戸作りなどをして援助しているのに、このように拷問し、牢屋に入れるなら、今すぐ日本に行って、ウガンダに対する日本政府の援助をすべてストップさせます！」

一宣教師の幸子さんに、日本政府の外交方針を変えさせるだけの力があろうはずはない。だが、愛する夫を窮地から救うのは自分しかいない、という妻の愛が、軍の指導者を前にしてもひるむことなく強く訴えさせたのだった。その結果、軍は知行さんに対して、「あなたを誤解していました」と謝り、彼を釈放してくれたのである。

停電の中、帝王切開

妻の幸子さんもまた、ウガンダでの出産が忘れられないという。

それは出産予定日を控え、最後の検診を受けたときのことだ。ドクターから「すぐに入院の準備をして病院に来なさい。胎児の心音が不規則だから、へその緒が首に巻きついているだろう」と告げられた。へその緒が首に二重に巻きついているが、3回巻いたら危ない。急いで入院して、すぐに帝王切開の手術が始まった。手術室に連れて行かれ、全身麻酔の注射を打たれ、意識朦朧《もうろう》となる中、手術台の照明が消えた。停電である。

「先生、どうなるんでしょうか……」と言うと、先生は「これがウガンダさ!」と大声で笑う。薬が効いてきて、幸子さんはそのまま眠ってしまった。教会の姉妹が呼ぶ声で目を覚ますと、彼女の横で、小さな布のベッドの中で眠っている長男が見えた。それは、イエス様の飼葉桶のような小さなベッドだったという。

無事に出産できるよう、教会では兄弟姉妹が基台を組んで祈ってくれていた。日本人の女性と祝福を受けたアフリカの兄弟、レイモンドさんは祈祷中、幻を見た。カンズというウガンダの白い正装を身につけたウガンダの殉教者、聖人の称号が与えられた20数人がこの赤ちゃんを取り囲んでいて、一番の長老が前に進み出て「ようこそ、よく生まれてきました」と赤ちゃんに歓迎する祝福の言葉を掛けたという。聖人たちの体の下半分は火で燃えていた。このようにウガンダの聖人たちに見守られて誕生したのが徳海君だ。

ウガンダの地で最初に誕生した徳海君だったが、試練があったのは1985年、よちよち歩きを始めた1歳の頃だった。幸子さんが語る。

ウガンダの首都カンパラの教会で「真の神の日」を祝う（1993年）

「開拓伝道をしていたバレ教会で、主人が修練会で主の路程の講義をしていました。私が食事担当で昼食を作っている時、近くの私たちの家庭の部屋でお湯を沸かすのに電気ポットをつけていたところ、沸騰しているお湯が何だろうと思ったのか、寝ていた長男がポットのコードを引っ張って熱湯をかぶってしまいました。あまりの泣き声に、私は20メートル以上離れた台所から駆けつけ、講義中の夫に、息子のけがを伝えました。しかし、主人は『主の路程を中断することはできない』と言って講義を続けました。長男を抱きかかえて500メートルほど離れた医院まで走った時、私は夫が神様の仕事を優先してくれたことを誇りに思いつつ、天に向かって『主人はあなたの仕事をしています』と必死で訴えました。

長男は右肩、腹部、太ももにやけどを負い、1日3本以上の注射を1週間以上打たれ、21日間ほど入院しましたが、傷跡は何とか太腿だけになりました。退院の時、今度は入院費が気になりましたが、その医師は私たちが宣教師であり、貧しい生活であることを知っており、入院費をいっさい請求しなかったのです。息子の命を助けていただいたことと併せて、本当に感謝しています」

奇跡的な導きで命を救われる

ケニア生まれの阿美子さんもまた1歳になる前、生命の危機に襲われている。体調が悪いので病院に連れていくと、おたふく風邪と診断を受け、薬をもらった。しかし病状は一向に回復せず、だんだんと血の気がなくなって動かずぐったりとしてきた。

辺りがまだ薄暗い時間、幸子さんは次女を連れて、イギリス大使館付きのイギリス人ドクター、ギボン氏の自宅を訪ねて診てもらうと、おたふく風邪ではなく「マラリア」と診断された。すでにマラリア菌に相当冒されていて、赤ちゃんの生命は危険水域にまで達していた。輸血が必要と言われたが、さらなる問題は、出生時に彼女の血液型はO型Rhマイナスであり、同じ血液型でないと輸血はできなかった。ギボン医師は病院に登録されている外国人から３人の同じ血液型の人を見つけ出し、そのうちの１人、国連に勤務するアメリカ人が献血を申し出てくれた。

しかし、赤ちゃんが小さく、なかなか輸血用の針が通らず、生死をさまよう状態が長く続いたという。やっと針が通り、小さな生命は懸命に闘い、全く血の気がなく動かない状態から徐々に血の気が出てきて体を動かした。それは、死を乗り越えた瞬間だった。献血に応じてくれたアメリカ人は、献血が終わると名前も名乗らずにさっさと帰宅したが、彼こそ命の恩人である。後にホテルの前で偶然にもその家族に再会し、感謝の意を伝えることができたという。

実は、この献血には隠れたドラマがあった。というのも、ケニアで生まれたとき、娘の血液型はO型Rhマイナスと言われていた。その旨を医師に告知しており、O型Rhマイナスの血液の持ち主を探し、ようやく探し当てて、輸血をすればよい状態になっていた。ところが、ウガンダの病院は、娘の血液型は「O型Rhプラス」と判定したのである。

事態は一刻を争っていた。たとえ、娘が「O型Rhプラス」であっても、O型Rhマイナスの血液を輸血しても問題はない。それで、当初の予定どおり、O型Rhマイナスの血液が輸血されたのである。

阿美子さんが成人した後、日本での出産に際し、血液を検査したところ、O型Rhマイナスだった。もし、万が一、ウガンダの病院で「O型Rhプラス」の輸血がなされたら、彼女は死んでいたのだ。

知行さん、幸子さんは帰国後も、子供たちの学業、また祝福の支援においても豊かな愛で惜しみなくサポートし、子供たちの成長と幸福を見守ってきた。2015年、長男の家庭に孫が誕生し、3人の子供たちがみな、親になった。白尾さん夫妻は、孫の成長を楽しみにしながら、神氏族メシヤ活動に精進したいという。

夫が軍事キャンプに連行され激しい拷問を受けたこと、停電の中での長男、徳海君の帝王切開、小さい時の大やけど、次女・阿美子さんのおたふく風邪の誤診、緊急輸血の時の誤診など、愛する家族は幾度も生命の危機に直面しながらも助けられた。

「神様はなぜ、あなたの家族を守ってくださったのでしょうか」という筆者の質問に、幸子さんは明快に答えた。

「私たちがメシヤの代身だからです。まさに殉教を覚悟して、宣教に向かった私たちですから、神様も一生懸命、応援してくださったのだと思います」

劣悪で危険な「真の地獄」を克服
レダを開拓した日本人国家メシヤ

1999年8月、「日本の全蕩減を懸けて、神の足場をこの地につくるように」という真のお父様の強い願いを受けて、南米パラグアイ・レダ開発の特別プロジェクトがスタートした。だが、その地は地元の人々も見捨てた地域であり、まさに「地獄」のような劣悪な環境だったという。だが、日本の国家メシヤの汗と涙の精誠を天が祝福し、困難を克服していったのである。

日本の国家メシヤを中心として14年にわたって開拓してきた南米パラグアイ・レダの地に、フランコ大統領（当時）が環境省大臣、農牧省長官、オリンポ市長などを引き連れて専用機で降り立ったのは2013年5月3日のことだった。機関銃を携えた軍隊、地元警察ら約30人が警備に当たる中で、3年越しでようやく養殖に成功したパクーの稚魚の放流式典が開催されたのである。

パラグアイ大統領が称賛

本当に大統領は予定どおり現地を訪問するのか。実現したとしても、当日、大雨になれば滑走路がぬかるんでしまう。飛行機が無事、着地できるのだろうか——。迎えるレダのメンバーをはじめ、関係者は最後の最後まで気をもんだが、それらすべては杞憂《きゆう》となった。

多数のゲストが見守る中、晴れ渡る青空のもとで、パクー稚魚放流式典は大成功裏に進められ、フランコ大統領一行は大いに喜んだ。

現地で人一倍汗を流してきた中田実氏は、式典挨拶で次のように経過報告をした。

「文鮮明《ムンソンミョン》師は人類の食糧問題解決のため、魚の資源の開発に生涯を捧げてこられました。パンタナールでも魚は貴重な食料であり、またパラグアイ川沿岸の人たちの貴重な生活の糧でもあります。この魚を保護し、育んでいくことこそパンタナールの自然保護につながり、この地域の持続的発展をもたらすものと確信し、3年前よりパクーの養殖事業に着手

フランコ大統領（右、手前）を迎えて行われたパクー稚魚放流式典
（2013年5月3日、レダ・パラグアイ川）

しました」

　フランコ大統領は、彼らの労をねぎらう最大の賛辞を惜しまなかった。

「レダでの稚魚放流は、パラグアイにとって一大ニュースです。私は、南北米福地開発協会がパラグアイを選んでくださり、チャコに拠点を置いてくださったことに対して、感謝いたします。レダがチャコの鑑《かがみ》になると思います」

　そして、「文師のグループの人たちがチャコに投資をしてくださることに感謝いたします。今後、政府も力を入れます」と、文師への感謝も忘れることはなかった。

　パラグアイの新聞は一斉にこのニュースを報道。真の父母様と共に悲壮な覚悟で出発したパンタナール（レダ）開発に投入した日本人国家メシヤの14年に及ぶ精誠が報われた一日だった。

見捨てられた地、レダ

事の発端は、1999年8月1日から行われたパラグアイ・オリンポでの日本人国家メシヤ パンタナール開発特別40日修練会にある。

これは、「日本の全蕩減を懸けて、神の足場をこの地につくるように」という真のお父様の強い願いを受けてスタートしたプロジェクトだ。本来、天の摂理は、1999年2月7日に予定されていた3億6000万双国際合同祝福結婚式を日本の地で行う、というものであった。だが、日本教会はその環境を整えることができず、祝福式はソウルで開催されることになった。その蕩減を懸けて真のお父様が示されたのが、レダ開発なのだ。

お父様は、修練会で次のように語られた。

「神が主管する国がまだない。その保護地としてパンタナールを備えている。日本を先生が放棄したら大変なことになる。ここで、完全蕩減をしなければならない」

そして、「男性だけでなく、妻も一緒に歩みなさい」と語られたのであった。

さらに強烈なみ言《ことば》は続いた。

「ここパンタナールが霊界と肉界を全部連絡する、また愛の家庭を築く前進基地になって、神様の愛が宿るすべての準備をここでします。３代、４代までここに来て、そういうふうにしないといけません。すべてのことを蕩減復帰して、一族がそういうふうにしないといけない」

「ここは源焦《げんしょう》聖地、根源聖地、勝利聖地ですよ。源焦の焦点、源《みなもと》、出発、勝利、縦、横あわせた勝利をした聖地」

再臨主が「勝利聖地」と語られたパンタナールは、地球最大規模を誇る湿地帯であり、その大きさは日本の本州とほぼ同じ。動植物の宝庫で、約１０００種の鳥類、約３００種の哺乳類、約４８０種の爬《は》虫類、約４００種の魚類が生息しているという。

この修練会には102人の日本人国家メシヤが参加。プロジェクトの総責任者に神山威《たける》氏が指名され、氏は現地で指揮を執り、支援活動は日本で飯野貞夫氏が責任を持つことになって出発した。2003年には、パラグアイで「南北米福地開発財団」（法人）を立ち上げて、中田実氏が理事長に就任。2005年からは現地の責任を中田氏が持つようになった。日本では、当初からプロジェクトを支援する「南北米福地開発協会」を設立（2014年4月に一般社団法人となる）。現在の会長は中田欣宏《よしひろ》氏が務める。

「南北米福地財団」の創設目的は、次のとおり。

1、パンタナールの貴重な生態系の保護（パンタナール地域を中心にエコツーリズムの推進）

2、地球温暖化対策のための植林活動と環境改善

3、人類の食糧問題の解決の実験農場と魚の養殖（食糧不足の地域の栄養改善）

4、過疎地域、インディヘナの村の発展と教育支援（国際協力青年奉仕隊の派遣）、学校建設と植樹

5、国際的VIP、青年の教育

6、南北米を一つにして韓半島に祖国光復を

この地で南北20キロ、東西40キロの土地を購入。レダの開拓はその年の10月1日からス

タートした。

だが、そこは電気や水道がないだけでなく、劣悪で危険な環境だった。当初、洗濯、食器洗い、水浴もすべて川で行わざるを得なかったが、彼らを待っていたのは猛毒を持った蛇やサソリ、人を呑《の》み込む巨大な蛇、人を襲うヒョウ、そして川にはワニやピラニアも生息していた。さらに、国境付近は麻薬取引の温床となっており、しばしば殺人事件も発生。国も地元の人たちさえも見捨てたこの地に「神の理想」を建設せよ、と天は命じられたのだった。

中田理事長は、当時の様子をこう証言している。

「1999年の修練会の終わり頃、『君たちはもう日本に帰らなくていい。先生が準備した土地があるから、そこで開拓するように。地獄解放のために、地獄に君たちを送る』。そのみ言《ことば》が一番印象的で、そのみ言を携えてレダに上陸しました。

実際、現地では地獄を実感しました。ものすごい暑さ、蚊の大群、厳しい労働。正に毎日が『これこそ真の地獄だ』という体験の連続でした」

梶栗玄太郎氏は、ナビレキで道路建設中、一人奥地に入って調査しているとき、ヒョウに遭遇した体験を持つ。

淡水魚パクーの養殖に成功

「逃げれば、時速60キロくらいで迫ってきて襲われ、エサにされるだけ。慌てたらいけないと思い、知らん顔をし、歩調を変えずに堂々と歩いていると、ヒョウはゆっくりと藪《やぶ》の中に消えていきました。もし、ヒョウが空腹で狩りをしている時だったら、やられていたに違いありません。命拾いしました」

飯野氏も妻と共に現地で5年以上、開拓に勤《いそ》しんだが、大きな蛇を踏みつけたことがあるという。

「長靴の下に独特な感触を覚えて、急いで足を上げると、長さ3メートルほどの蛇が鎌首をもたげてこちらを威嚇《いかく》してきました。幸い、噛《か》まれることはなかったのですが、あれはアナコンダでしょう。さらに大きくなれば、子牛や人間も呑《の》み込んでしまう蛇です」

衣食住が整い、安全で平和な環境ならば、人のために尽くすということも、それほど困難なことではない。だが、レダでは、万事において自ら行動しなければ、何も始まらなかった。そのことを百も承知しておられたお父様は、自叙伝『平和を愛する世界人として』で次のように語られている。

「熱帯地方の大森林を開発するのは、人類を愛する情熱と献身なくしてはやり遂げることができません。……私は70歳を過ぎてからパラグアイに入っていきました。……皆が不可能だと言っていたことに、70歳を超えた私が飛び込んだのです」（320、324、325ページ）

この地で、生態系を保護しながら、植林、魚の養殖、養豚、教育環境の整備――などを進めるのが、彼らのミッションであった。

劣悪な環境に放り込まれた日本人国家メシヤだったが、ために生きることが発展の原理であり、神の祝福を得る道であると深く理解していたがゆえ、彼らは自分たちの環境を整える前に、現地の人たちのために汗を流した。

飯野氏が当時を振り返る。

「まず、最初に手を付けたのが、かつてパラグアイ海軍が造った壊れかけた見張り小屋を建て直すことでした。海軍は、私たちを守るという名目で現地に駐在していましたが、実際は、私たちを監視する意味合いもあったと思います。しかし、そんな彼らのために新しく見張り小屋を建設して国に献納したのです」

「レダは勝利したね」

こうして、2000年11月に、レダ海軍警備所を建設。続いて、真の父母様のための公館を建設。さらには、真のご家庭やゲストのためのゲストハウスを2棟建設。2001年4月18日、真のお父様は、レダの地を「日陽園」と命名された。

こうした基台のもとに、国際研修所や食堂、さらには2003年、レダ警察署までも建設し献納したのであった。

さらに周辺住民のために、チャコの過疎地域、インディヘナの村など3つの村に学校を建設、6つの学校の補修工事を行い、学校備品（机、椅子、黒板）や文具・書籍を提供。

2000年から、国際協力青年ボランティアの現地での活動をスタートさせて、インディヘナとの文化交流を進めてきた。彼らは2、3週間を費やして、学校の建設、補修工事などに汗を流した。

こうした努力が実り、２００３年5月3日、イースト・ガーデンで報告を受けられた真のお父様は、「レダは勝利したね」と祝福された。しかし、それに続いて「でも、これで終わりではない。これからだよ」と語られた。これに対して日本人メンバーは、「国家メシヤ一同、40年路程を決意し、再出発しました」と決意を披歴した。

その言葉を聞かれたお父様は、「そうだよ。40年、４００年でも使命を果たせ。二世、三世と、相続させていかなければならないよ。氏族を動員して皆、頑張れ」と激励されたのである。このみ言を励みに、国家メシヤたちはさらに精進を重ねて、植林、牧畜、養殖の研究、青年らとの奉仕活動に勤しんだ。

２０１２年10月8日、レダを訪問された文善進《ムンソンジン》様ご夫妻は、レダ開発の歴史をまとめたＤＶＤにとても感動され、色紙にサインされた。そこには、こう綴《つづ》られている。

「素晴らしい日本人国家メシヤとレダの皆様へ

皆様の驚くべき精誠に敬意を表するとともに、真の父母様のみ言を真に生きたものとしておられることに感謝いたします。私たちは皆様の犠牲と真の愛の誠実な心情に永遠に感謝いたします。皆様と皆様の貴い家庭、そしてすべての動物たちに神様の祝福がありま

レダの日本人国家メシヤを激励された真の父母様

すように！　皆様は、私たちと世界に対する希望です。真の愛と永遠なる感謝を込めて。文善進、朴仁渉《パクインソプ》」

　この間、パラグアイの大統領や閣僚との交流を重ねて、やがて冒頭に紹介した２０１３年５月３日のフランコ大統領の稚魚放流式典参列実現となるのだが、この日は、イースト・ガーデンで真のお父様が、「レダは勝利したね」と祝福された日からちょうど10年目の日であった。

　直後の２０１３年５月12日、真のお母様は韓国の昌原《チャンウォン》教会（慶尚南道《キョンサンナムド》）でレダでの日本人の活躍に言及された。

「先週、パラグアイ川についての報告を受けました。お父様は未来をお考えになり、南米の歴史（摂理）だけでも20年を超えました。この川を中心とするその地域は荒地、開発されていない地域です。原始林のような場所です。お父様は日本の宣教師たちを通してレダを開拓されました。自然を保護し、魚種を保護するために養殖を進められました。

研究チームによりパクーの稚魚を放流することになったのです。その知らせを聞きパラグアイの現職大統領が参加し、感謝していました。お父様は未来の人類の食糧問題を解決されるために、そのように努力され、投資されました。真の父母でなければ、このように行動することはできません。たくさんの日々が思い出されます」

レダ開発に取り組んできた日本人国家メシヤ先輩には、大きな誇りがある。

レダの地で毎朝４時から訓読会を行い、天の伝統を守り、お父様の精神「ために生きる」を実践。それゆえ、地域からも国からも認められ、ついには真のお母様からも祝福されたのである。すべては天と真の父母様の導きの中で成された結果である。

彼らは、16年の精誠の土台の上に、レダの地に神の理想郷を実現させるという夢を果たすため、さらなる前進を誓っている。

真のお父様聖和《ソンファ》後、直接ご指導を頂くことは難しいが、自叙伝にはお父様のみ言が数多く記されている。これらのみ言が、彼らの大きな支えとなるだろう。

「いくらパンタナールに魚がたくさんいても、ひっきりなしに捕まえていれば魚は減ってしまいます。魚を保護しようとすれば養殖をしなければなりません。パンタナールの魚が貴重であればあるほど、よりたくさんの養殖場を造って魚を育てなければなりません」(『平和を愛する世界人として』３１３ページ)

「私たちが植えた木々によってパンタナールがより一層美しくなり、そこで作られた豊富な酸素が私たちの人生を潤沢にするのです」(同３１５ページ)

鴨野 守（かもの　まもる）

1955年、富山県生まれ。金沢大学卒業と同時に、株式会社 世界日報社入社。社会部長、政治部次長、「サンデー世界日報」編集長、マニラ特派員など歴任。「天皇御巡幸」「血戦・沖縄」「『朝日新聞』の犯罪」「わだつみは蒼く澄みたり」の取材・デスクを担当。県立世羅高校の校長自殺で国会でも議論となった広島の公教育問題を２年半にわたって丹念に取材した、『広島の公教育はなぜ崩壊したか』『広島の公教育に再生の道はあるか』（いずれも世界日報社刊）は大きな反響を呼ぶ。2009年から世界平和統一家庭連合（旧 世界基督教統一神霊協会）広報局長となり、マスコミ渉外、映像、出版部門を担当する。

著書はほかに『新・純潔教育のすすめ―本当の愛に目覚めるために』（コスモトゥーワン刊）『バギオの虹―シスター海野とフィリピン日系人の百年』『天の懐に生く―自然療法に捧げた東城百合子の80年とこれから』『息子よ！君のために闘いぬいた』（いずれもアートヴィレッジ刊）『あばかれた「神話」の正体―沖縄「集団自決」裁判で何があきらかになっているのか』（祥伝社刊）など。桜庭薫のペンネームで『神に捧げた愛と命と』（光言社刊）がある。

精誠の頂　再臨時代に刻まれた聖徒の歩み

2015年10月２日　初版発行

著　者　鴨野 守
発　行　株式会社　光　言　社
〒150-0042　東京都渋谷区宇田川町37-18
電話 03-3467-3105（代表）
http://www.kogensha.jp

印　刷　株式会社　ユニバーサル企画

ISBN978-4-87656-186-5